野党第1党

「保守2大政党」に抗した30年

尾中香尚里
Kaori ONAKA

現代書館

野党第1党

目次

野党第1党

「保守2大政党」に抗した30年

序章

リベラルは本当に「瀕死」なのか

安倍晋三元首相が街頭演説中に銃撃を受け死亡するという、戦後の日本の政治史上最大級の事件が発生した2022年。事件（7月8日）の衝撃が冷めやらぬなか、2日後の7月10日、第26回参院選の投開票が行われました。

政権与党の自民党は63議席を獲得して圧勝。事件の影響があったかどうかは分かりませんが、ほぼ事前予想通りの結果でした。

5年前に結党した野党第1党の立憲民主党は、改選議席を6減らす17議席（参院選と合わせて行われた神奈川選挙区の補欠選挙の当選者を含む）に沈む敗北。野党第2党の日本維新の会は改選議席の6議席から12議席に倍増し、特に比例代表の得票数は立憲民主党を上回りました。

野党を名乗ってはいても、亡くなった安倍氏や菅義偉前首相など自民党の実力者に近く、憲法改正や非核三原則の見直しなど、時に自民党をも上回る保守的な主張を掲げてきた維新の躍進は、自民党の圧勝、立憲民主党の敗北と合わせて、いわゆるリベラル勢力（この定義は厳密には難しいのですが、あえて使います）に強い衝撃を与えました。連立政権を組む自民、公明の両党に、一応野党側にありながら改憲に前向きな維新と国民民主党を足し合わせれば、いわゆる「改憲勢力」は、国会における憲法改正の発議に必要な「総定数の3分の2」を上回ります。衆院では改憲勢力はとうに3分の2を超えているので、数字の上では国会は改憲の発議が可能になった、というわけです。

衆院選はこの前年の2021年10月に行われたばかりなので、岸田文雄首相は自ら衆院を解散することがなければ、向こう3年間は大きな国政選挙を戦わずにすみます。この「黄金の3年間」（あくまで岸田政権にとって）で、岸田首相は改憲に向けて本格的に動き出すのではないか。弱体化した野党はもはや、それを止めることはできないのではないか。参院選の直後には、そんな悲観論がリベラル系の識者や野党支持者などの間に広がっていました。

改憲もさることながら、参院選後の岸田首相の政治行動は、リベラル系勢力から見れば目を覆うばかりでした。政治家として大きく評価が分かれる安倍氏の「国葬」を、三権の長にひと言の相談もなく内閣の独断で決定し、国論を大きく二分してしまいました。防衛費をGDP（国内総生産）の2％に増額することも、原発を新増設したり「原則40年」と定めていた運転期間を延長したりする方針も、臨時国会の閉会を待っていたかのように、ろくな議論もないまま矢継ぎ早に打ち出しました。

岸田政権の強硬な姿勢は、それ自体が野党支持者の強い批判を浴びていますが、その批判は岸田政権のみならず、野党第1党の立憲民主党の「頼りなさ」に対する攻撃的な姿勢となって表れました。それも、どうかすると与党批判より強い口調で。中には、政治の変革に対する意欲を失い「政権交代は2度と起きない」「もう政治からは手を引く」などと自嘲気味に語る識者もいました。

ちょっと待ってください。本当に「リベラル」は、皆さんが思うように「瀕死」の状態なのでしょうか。率直に言って私は、いわゆるリベラル層の識者の方々が、選挙結果を受けた現在の政治状況について語る時、その「語り口」があまりにも他責的で暗すぎることに、少なからずうんざりしています。

自公政権が続けば「改憲されてしまう」「消費税を上げられてしまう」「原発がどんどん再稼働されてしまう」など、悲観的な将来ばかりを言い立てる。選挙になれば「改憲勢力に3分の2を取られてはならない」などと、後ろ向きに危機感をあおる。そして、いざ選挙で芳しい結果が出なければ「野党が弱すぎてだらしない。もう支持をやめる」と「味方」を責め立て「政治には何の期待もできない」と、一気に諦めの境地に達してしまう……。

嘆きたくなる方々の気持ちも分からないわけではありません。民主党の下野から10年以上、巨大な自公の「1強」政治が延々と続き、法治国家にあるまじき、嘘やごまかしがあふれた権力の振る舞いを山ほど見せつけられたり、新型コロナウイルス感染症のような国の非常事態に「マスク2枚の配布」を打ち出すなど、国民にとって何の役にも立たない能力不足の政治行政を目の当たりにしてあ然とさせられたりする一方で、「多弱」の野党は内輪の小競り合いを繰り返し、政権としっかり戦えていなかった……。こんな政治状況を歯がゆく思う気持ちは私にもあります。

しかし私は、現状をそれほど悲観してはいません。悲観すべきでもありません。

だいたい、野党やその支持者は「自民党政治の被害者」なのでしょうか。政権を変えられない運命に甘んじ、愚かな政治をただ嘆くだけ、という傍観者的な立場が許されるのでしょうか。

そんなはずはありません。

現政権の振る舞いが許されないなら、彼らを下野させて自らが政権を握り、時には泥を被りながらも新しい「別の道」の政治を自ら担う。小選挙区時代の野党、特に第1党に求められているのは、そういう考え方であるはずです。

2023年は、自民党が1955（昭和30）年の結党以来、初めて野党に転じ、1993年に非自民の細川政権が誕生してからちょうど30年の節目にあたります。細川政権の存在理由は「政治改革」であり、それはすなわち「衆院に小選挙区比例代表並立制を導入し、「政権交代可能な2大政党制」の実現を制度の側から後押しする」選挙制度改革でした。

その小選挙区比例代表並立制の導入（関連法成立は1994年）から今日まで、日本の政治における言論環境は、なぜか「保守2大政党」を求める強い圧力を、与野党の政治家にかけ続けてきました。左派だのリベラル派だのと言われる勢力を「政権担当能力がない」と決めつけ、政界の片隅へ追いやろうとしてきたのです。

こうした政界の大きな流れに抗って、リベラル派と呼ばれる政治家たちは、実はかなりしぶとく生き残ってきました。「保守2大政党」の流れが強まると、それに抗うような動きが、小さいながらも必ず生まれてきました。

いや、それどころか、時には「保守2大政党」を求める勢力にひと泡吹かせる結果も生んできました。その一つが民主党政権の誕生（2009年）であり、あるいは立憲民主党の結党と野党第1党への躍進（2017年）だと私は考えています。

2021年の衆院選、そして22年の参院選と、立憲民主党を中心とするリベラル野党陣営が手痛い負け方をした事実は、確かに否定できません。しかし、長期的なスパンで見た場合、リベラル勢力は決して壊滅的な打撃を受けているわけではありません。むしろ、考えようによっては、じわじわとではありますが、政界のなかに「陣地」を広げつつある、という見方さえできると思います。

彼らは決して弱くなんかない。頑張ってきたその実績を認め、その上で、次の展開を前向きに探らなければいけない。

こんなふうに考える人間が、現在の日本の政界及び政治報道の現場にほとんどいないことは百も承知ですが、これは私の偽らざる実感です。


「保守2大政党」への策動は、今なお続いています。例えば「支え合いの社会」の旗を掲げた野党第1党・立憲民主党が、2021年衆院選で公示前議席を割ったことをあげつらい、まるで「オワコン」のように扱ってみせる（その直前まで各種選挙に勝ち続け、菅義偉首相の退陣という事態を生んだことを忘れたかのように）。立憲の党内対立を無理やりにあおり、保守色を強めさせることを狙う。保守政党であり、新自由主義的色合いの強い野党第2党・日本維新の会を実力以上に持ち上げ、事実上の野党第1党のように扱う。こういう論調は現在でも、ごく普通にみられるものです。

一方、安倍元首相の死によって、保守勢力もまた揺れているように見えます。安倍氏の事件によってあぶり出された世界平和統一家庭連合（旧統一教会）と自民党の関係は、党内に大きな動揺を引き起こしました。すさまじく強力に見えた自民党にも、何か崩壊過程に入った兆しのようなものが感じられます。

2022年秋以降の日本の政治は、どこにも芯のない、実につかみどころのない星雲の中にいるように見えます。あるいは何かが、ゆっくりと崩れ始めているのかもしれません。次の時代の日本の政治のかたちを、誰が、どう作るべきなのでしょうか。そのために必要なこととは何なのでしょうか。


私は毎日新聞社で約30年にわたり記者をしており、その半分近くを政治記者として過ごしました。リクルート事件が世の中を騒がせた1988年に入社し、初めて国政を取材したのは1994年の細川政権崩壊と日本新党の混乱でした。いわゆる「自社さ」の村山政権が誕生したこの年の秋に政治部に着任し、続く橋本政権では、菅直人厚相（当時は新党さきがけ所属）の薬害エイズ問題への取り組みを取材。菅氏が1996年、鳩山由紀夫氏とともに旧民主党を結党してからは、ほぼ一貫して同党を中心とした野党勢力の取材を続けてきました。

2009年に政権交代が実現し、民主党政権が誕生すると、それまで取材していた野党の政治家たちが、こぞって政権の中になだれ込みました。そして2011年、東日本大震災と東京電力福島第1原発事故が発生。この時は政治部のデスクでしたが、首相は菅氏、官房長官は、菅氏とともに薬害エイズ問題で頭角を現し、後に立憲民主党を立ち上げることになる枝野幸男氏でした。

そんな経歴で永田町を歩いてきたので、自民党政権の内部に食い込んできたほかの多くの政治記者の皆さんとは、政治の見方がかなり違うかもしれません。多くの政治記者の皆さんが、例えば「小泉純一郎→安倍晋三→福田康夫→麻生太郎」というように「政権の変遷」で政治を把握する時に、自分の中では「鳩山由紀夫→菅直人→岡田克也→前原誠司→小沢一郎」といった「民主党代表の変遷」が、同時に頭に浮かんでしまうのです。

こうした経験が「補助線」となり、私自身は一般的な政治のとらえ方とは、やや異なる見方をしているとも思います。

このところ政治をとらえる言論環境が、あまりにも画一的になり過ぎています。極論すれば「ステレオタイプに書くことなら誰でもできる」様相を呈しつつあります。

そんな状況に、あえてささやかな異を唱えたい。

これから書くことは、野党という少し特異な視点から平成の政治史を見てきた1人の政治記者による、細川政権誕生から30年にわたる日本の「野党史」の私的な記録であり、その取材経験を踏まえての、これからの政治、特に「野党第1党のありかた」についての提言です。

学術的なものとは言えないし、日本の政治の全容をとらえているものでも、もちろんありません。でも、もしかしたら「少しだけ視点をずらせば、こんな風に政治をとらえることもできるのかもしれない」と、興味深く思っていただけることもあるかもしれません。そんなふうにこの本を面白がってくれる人が1人でもいることを、書き手として心から願っています。

第1章

平成「野党史」への視点

第1節 「保守2大政党」への胎動

序章で「日本の政治をめぐる言論環境は、なぜか「保守2大政党」を求める強い圧力を政治家にかけ続けてきた」と書きました。そのきっかけとなったのは、衆院に小選挙区比例代表並立制が導入されたことでしょう（関連法成立は1994年）。現在の日本の政治のさまざまな問題を考える時、良くも悪くも必ずといっていいほど話題にのぼるのが、この小選挙区比例代表並立制です。

戦後の日本政治を長く規定してきたのが、「55年体制」と呼ばれる枠組みでした。保守政党の自民党が1955（昭和30）年の結党以来一貫して政権の座にあり続け、革新政党の日本社会党が「万年野党」として対峙していました。自民党は野党転落の恐れを感じることなく政権の座に安住し、社会党は自ら政権を担う意思を持たず、万年野党の座に安住している政治。自民党と社会党がそれぞれ結党した1955年以来、そんな「昭和の政治」が、変わることなく続いてきたのです。

そんな「昭和の政治」を改め「政権交代可能な2大政党の政治をつくる」ことを目指して1996（平成8）年の衆院選から導入されたのが、小選挙区比例代表並立制です。「平成の政治」とはつまり、選挙制度改革によって「政権交代可能な2大政党」を模索した政治だったと言えましょう。実際にその後、2009年に自民党から民主党へ、2012年に民主党から自民党へ、2度の政権交代が選挙によって起こりました。

長い間安定していた55年体制が、なぜ変革を迫られることになったのか。なぜ「昭和の政治」から「平成の政治」に変わらなければならなかったのか。

そのきっかけは、私が毎日新聞社に入社した1988年に発覚した「リクルート事件」にさかのぼります。実際には昭和の最後に起きた事件ですが、ここを起点に「平成の政治」を振り返ってみることにしましょう。

リクルート事件と「山が動いた」

後の昭和天皇の崩御（1989年1月7日）によって、1988年は事実上「昭和最後の1年」として振り返られることになります。当時は自民党の竹下登政権。政権の大きな政治課題として「消費税の導入」がありました。

この年の6月、朝日新聞が後の日本の政治状況を大きく変えることになるスクープを放ちました。川崎市の助役がリクルート社から、公開後の値上がりが確実な同社の関連会社、リクルートコスモスの未公開株を譲渡されていた、というものです。「リクルート事件」の始まりでした。

やがて、未公開株が政界中枢や霞が関などに幅広くばらまかれていたことが判明し、問題は政界中枢を巻き込んだ一大スキャンダルの様相を呈しました。

「政治とカネ」の問題に対する国民の批判が高まるなか、国民の不評を買う増税を進めようとしたことで、竹下政権は行き詰まりました。翌89年、元号が昭和から平成に改まって3カ月ほどが過ぎた4月に、消費税はついに導入されましたが（導入時の税率は3％）、竹下首相は同月25日、政治不信の責任をとる形で辞意を表明しました。

後継の首相には外相だった宇野宗佑氏が選出されましたが、就任早々に自らの女性問題が発覚。このような状態で7月、参院選が行われることになりました。リクルート事件に端を発した「政治とカネ」の問題に加え、消費税の導入、さらに農産物自由化のいわゆる「三点セット」が争点となり、自民党は改選69議席を大きく下回る36議席の惨敗を喫しました。土井たか子委員長率いる日本社会党が改選議席を倍増させる46議席と圧勝し「山が動いた」と言われる、あの選挙です。

自民党は参院で過半数を大きく割り込み、いわゆる「ねじれ国会」が誕生しました。結党以来の危機に陥った自民党。わずか69日で退陣に追い込まれた宇野氏の後を受けた海部俊樹首相は「政治改革」を本格化させる必要に迫られたのです。

「政治腐敗防止」が「選挙制度改革」へ

政治改革自体は、リクルート事件の火の手が広がる中で、竹下首相時代から着手されていたものでした。竹下首相の指示を受け、自民党内には政治改革の具体策をつくるための「政治改革委員会」が設置されました。党のホームページによれば、改革の柱は「金のかからない選挙制度の実現」「政治資金規正法の再検討」「衆議院の定数是正」などとなっていました。これとは別に、首相の私的諮問機関「政治改革に関する有識者会議」も設置されました。

竹下首相が辞任した直後の89年4月末に有識者会議が提言をまとめ、翌5月には党政治改革委員会が「政治改革大綱」を決定しました。再び自民党ホームページに戻ると、この政治改革大綱の柱は「政治倫理に貫かれた公正、公明な政治の実現と**現行中選挙区制の抜本改革**」を柱としていました。

リクルート事件の反省から「政治腐敗の防止」を目指したはずの政治改革は、いつしか「選挙制度改革」に重点が置かれるようになっていました。理屈はこうです。

それまでの中選挙区制では、同じ選挙区で複数の自民党候補が争うことになる。政策に違いがない分、後援会の旅行など有権者へのサービス合戦となって金がかかり、政治腐敗を生む。

1人しか当選しない小選挙区制を導入すれば、こうした弊害はなくなる。与野党が1対1で政策論争を交わし、政権をかけて争う政治を実現すべきだ――。

こうした声が主流になっていったのです。

小選挙区制には、落選した候補者に投じられる「死票」が増えるなどの弊害が指摘されています。しかし、わずかな得票の差が大きな議席差につながるため、少なくとも55年体制を形づくってきた中選挙区制に比べれば「政権交代が起きやすくなる」のではないか、との見方は、制度への賛否を問わず一致していたように思います。一つの選挙区で複数の候補者が当選する中選挙区制は、小選挙区制に比べて野党が多党化しやすく、野党第1党が政権与党並みの力を持つことが難しいと言えるからです。

政権交代のしやすさ。その1点において小選挙区制は、中選挙区制に比べれば、まだましな制度なのではないか。

当時はそんな機運が世論を支配していたように思います。まだ本格的な政治取材の経験がない駆け出し記者だった私も、少なからずそうした考えに傾いていました。

小選挙区制が生むのは「政権交代」か「巨大与党」か

しかし、小選挙区制の導入の目的が本当に「政権交代が可能な政治」だったのか、そこは疑わしいところです。小選挙区制度は55年体制下でも、鳩山一郎、田中角栄の両内閣で導入が検討されたことがありますが、野党などが「第1党に有利になる」と猛反発し、結局は導入を断念した、という歴史があるからです。

小選挙区制は基本的に「巨大与党をつくりやすい」制度です。一つの選挙区で1人しか当選しないので、第1党、つまり時の政権与党に有利になりがちです。例えば、やや極端な例ですが、比例代表のない単純小選挙区制だったとして、政党A（政権与党）と政党B（野党第1党）がすべての小選挙区で一騎打ちを演じたと仮定します。すべての選挙区でA党が1票差で勝ったとすると、A党とB党の得票数はほとんど差がないのに、A党が全議席を独占し、B党の議席はゼロになってしまいます。

政権与党の自民党だけで総定数の3分の2を占めることができれば、例えば憲法改正の発議はしやすくなるでしょうし（参院の問題は別途ありますが）、「ねじれ国会」が発生して衆院で可決した法案が参院で否決されても、衆院で再可決して成立させることもできます。自民党は自らの政治腐敗にメスを入れるさまを演出しながら、実は自分たちにとって都合の良い改革を進めようとした、と疑うこともできます。

しかし一方で、小選挙区制が「政権交代を起きやすくする」ことも、また事実です。実際、衆院で小選挙区制が導入されてから、55年体制では38年間も起きなかった「選挙による政権交代」が、これまでに2度も起きたのですから。

小選挙区制のもとでは、わずかでも野党側に世論の「風」が吹けば、わずかな票差でオセロゲームのように議席がひっくり返り、一気に野党を「巨大与党」にしてしまうことも可能なのです。実際、2009年の民主党への政権交代選挙も、2012年の自民党の政権奪還選挙も、そういう選挙でした。

選挙制度改革をめぐる自民党の分裂

この選挙制度改革をめぐり、自民党内でかつてなく大きな政変が起きました。

1989年参院選の惨敗を受け「政治改革」の必要性に迫られた海部内閣は、1991年秋の臨時国会に、小選挙区比例代表並立制の導入を柱とした政治改革関連法案を提出しました。しかし、野党が強く抵抗したのに加え、自民党内にも消極的な声がありました。意外なようですが、のちに首相として小選挙区制のメリットを存分に使い、2005年の郵政選挙で圧勝した小泉純一郎氏も、この時点では小選挙区制度に否定的な考えを示していました。

結局、法案は廃案となりました。海部首相は事態打開のため「重大な決意」と述べて衆院解散をほのめかしましたが、これが命取りになり、自らが首相を辞任する結果になりました。

続く宮沢政権下の1992年、新たな「政治とカネ」の問題が自民党、特に最大派閥の竹下派を直撃しました。東京佐川急便事件です。この年の8月、竹下派会長の金丸信・自民党副総裁が東京佐川急便から5億円の裏金を受け取っていたことが、朝日新聞の報道で発覚。金丸氏は報道のわずか5日後に副総裁を辞任、2カ月後には衆院議員も辞職しました。

佐川急便事件と金丸氏の失脚は、ついには竹下派の分裂という大きな政争に発展しました。政争の対立軸となったのが政治改革でした。小選挙区制度の導入に積極的だった羽田孜氏や小沢一郎氏が、派閥を割って新たに「羽田派」を結成。羽田氏らは、竹下派に残った梶山静六氏らを、政治改革に慎重な「守旧派」と呼んで攻撃しました。

金丸氏の辞職から約8カ月後の1993年6月、羽田氏らは野党が提出した宮沢内閣不信任決議案に賛成しました。まさかの「内閣不信任案可決」。宮沢首相は衆院を解散し、衆院選の幕が切って落とされました。

リクルート事件に端を発した政治改革の動きは、本題の「政治とカネ」問題の解決を差し置いて、自民党にかつてなく大きな党内抗争を生むことになったのです。

細川「非自民」政権の樹立と社会党の凋落

政権与党の自民党が大揺れに揺れている。野党第1党・日本社会党にとっては大きなチャンスでした。前述したように、社会党は1989年の参院選で大勝し、参院での与野党逆転を実現。さらに同党は、翌90年の衆院選でも議席を伸ばしていました。

参院選で生まれた「ねじれ国会」をテコに政権与党を追い込み、次の衆院選で多くの候補者を擁立すれば、社会党は一気に政権交代とまでは行かなくても、政権政党に向けての大きな足がかりを得ることは不可能ではなかったはずでした。

しかし社会党は以前から、衆院選で定数の過半数に達する候補者を擁立しない状況を、長く続けていました。擁立した候補が全員当選しても、単独では政権が取れないわけです。自民党が分裂し、政権交代の大チャンスとなった93年衆院選ですら、同党は過半数の候補者を擁立しようとしませんでした。

「昭和の政治」において自民党が「万年与党」であり続けたのは、「万年野党」であることを自ら選択したかのような社会党にも原因があると、私は思っています。

さて、社会党が、政権に近づける絶好の機会をものにせず、従来型の選挙を戦おうとしていた間に、政界は一瞬にして驚くべき変化を遂げました。宮沢内閣不信任決議案で「造反」した羽田氏や小沢氏らが自民党を離党し、新党「新生党」を結成したのです。

新生党にわずかに先立ち、元滋賀県知事の武村正義氏や、後に民主党政権の初代首相となる鳩山由紀夫氏らが自民党を離党し「新党さきがけ」を結成していました（武村氏らの新党結成が、小沢氏らの離党の引き金を引いたという説もあります）。また、この時の自民党離党組とは流れがやや異なりますが、この前年の92年に元熊本県知事の細川護熙氏が結成し、同年の参院選で4議席を獲得していた新党「日本新党」も、初めての衆院選に臨もうとしていました。

一定の力を持つ「野党」が、いきなり三つも増えたわけです。

この三つの新党が、93年衆院選で一大ブームを巻き起こしました。自民党の分裂というかつてない事態のなか、新生党は55議席、日本新党が35議席、新党さきがけが13議席を獲得。老舗野党の社会党は、選挙前の議席を半減させる70議席に沈んでしまいました。

多くの離党者を出したにもかかわらず、自民党は223議席を獲得して第1党の座を維持しましたが、衆院の過半数を割り込み、単独では政権を維持できなくなりました。選挙後の離合集散の結果、共産党を除く「非自民」の7党1会派で連立政権を組むことになり、第5党となった日本新党の細川氏が、首相に担がれることになったのです。

自民党は結党38年で、初めて野党に転落しました。55年体制が、すなわち「昭和の政治」が終わった瞬間でした。

「政治とカネ」の問題で国民の大きな批判を受けた自民党が、衆院選という国民の審判をきっかけに、政権を追われた。これは分かりやすい結果だと言えるでしょう。

しかし、自民党が負けたのに「野党第1党の社会党が勝った」とはなりませんでした。突然現れた三つの新党、今風に言えば「自民党でも社会党でもない第三極」が、自民党批判の受け皿となって大きく議席を伸ばし、従来型野党の社会党を食ってしまったのです。社会党は細川連立政権に加わり与党となりましたが、主導権は完全に小沢氏ら自民党出身者に握られ、その存在感は小さなものでした。

「自民党の下野」「新党ブーム」ばかりに焦点が当たってきた93年衆院選。同時にこの選挙は「社会党の一人負け選挙」でもありました。3新党のうち、新生党と新党さきがけが自民党離党組で構成され（新生党中心メンバーの小沢氏は、まさに自民党のど真ん中にいたわけです）、日本新党の細川氏も自民党出身であることを考えると、細川政権とは、連立与党と野党の中核がともに自民党系だったわけで、それはつまり「保守2大政党」を目指す動きの芽生えだったと言えるのかもしれません。

第2節　野党にだけ「改革」を強いた小選挙区制

「日本改造計画」vs「小さくともキラリと光る国・日本」

理念も基本政策もバラバラな「非自民」の7党1会派による「寄り合い所帯」だった細川政権。その政権を何とか一つにまとめていたものは、言うまでもなく選挙制度改革、すなわち小選挙区比例代表並立制の導入でした。

しかし、1994年に選挙制度改革関連法案が成立すると、細川政権は唯一といってもいい「接着剤」を失った形となり、政権はきしみ始めました。誰の目にも明らかだったのが、新生党代表幹事だった小沢氏と、官房長官の武村氏という、政権内の2大実力者の激しい対立でした。こうした政権内権力闘争が、結果として細川政権を8カ月という短命に終わらせる一因となってしまうのですが、今振り返ると2人の対立は「目指すべき社会像」に関する対立軸の「芽」を感じさせるものでした。

政権の中核である小沢、武村両氏の目指す社会像が真逆なわけですから、細川政権が不安定なのは当然と言えば当然ですが、ではこの2人の目指す社会とはどういうものだったのでしょうか。

2人が当時、それぞれ出版した2冊の本が、政界で大きな話題を呼びました。小沢氏の『日本改造計画』(講談社)、武村氏の『小さくともキラリと光る国・日本』(光文社)です。『日本改造計画』のまえがきに、小沢氏が米国の有名な渓谷グランド・キャニオンを訪れた時の逸話が書かれています。ここに、当時の小沢氏が目指した政治が、かなり分かりやすく表現されています。

「国立公園の観光地で、多くの人々が訪れるにもかかわらず、転落を防ぐ柵が見当たらないのである。(中略)日本だったら柵が施され、「立入厳禁」などの立札があちこちに立てられているはずであり、公園の管理人がとんできて注意するだろう」

この「グランド・キャニオンの柵」の逸話は、まさに「国民に自己責任を求める小さな政府」を目指す、当時の小沢氏の考え方を象徴するものと言えるでしょう。

まえがきはさらにこう続きます。

「真に自由で民主的な社会を形成し、国家として自立するには、個人の自立をはからなければならない。その意味では、国民の〝意識改革〟こそが、現在の日本にとって最も重要な課題といえる。

そのためには、まず「グランド・キャニオン」から柵を取り払い、個人に自己責任の自覚を求めることである。また、地方に権限を移すことによって、地方の自立をうながすことである。さらに、政治のリーダーシップを確立することで、政治家に政治に対する責任を求め、中央の役人には、日常の細かな許認可事務から解放することで、より創造的な、国家レベルの行政を求める」

一方、武村氏は著書で、タイトルとなった「小さくともキラリと光る国」について「それは一人一人がいきいきと輝いている国」と指摘。また、自身が新党さきがけを結党した時の経緯に触れ「半世紀近い歩みの中で（日本国）憲法の果たしてきた役割を、肯定的に、しかももっと積極的に評価していこうということ」「2度と侵略戦争はしない、軍事大国の道は歩まない、軍事大国につながるような軍事パワーを持つ政治大国の道も求めない」ことなどを列記しています。

印象に残るのは「質実国家」という言葉です。武村氏は「日本が量よりも「質」に目を向け、「実」のある生活を実現していく必要がある」「少し固い言い方をすれば、環境保全型の社会経済システムということになろうか」と述べています。

興味深かったのは「政党の体質」について語ったところ。「政界再編の過渡期においては、政党の体質、政治手法が、これまで以上に注目を浴びる。政党を構成する政治家とカネの関係、財界、官界との結びつき。人間関係、とくに党内の空気がリベラルであるのか、それとも親分子分的であるか、統制的であるのか。それらを国民がどう感じるか。ここのところも選択の大きな要素となるはずである」とあります。

政治改革の熱があった1990年代初頭独特の言葉遣いが感じられますが、それでもその後の民主党、立憲民主党につながる理念を見いだすことができます。

細川政権の樹立について、先ほど「保守2大政党を目指す動きの芽生え」と言いました。しかし実際には「保守」と呼ばれた勢力の中にも、このように明らかな色合いの違いが生まれつつありました。今風に言えば「政府の役割を小さくし、国民に自己責任を求める新自由主義的社会」と「政府に一定の役割を持たせ、セーフティーネットをしっかり用意して国民同士が支え合う、民主リベラル的な要素を持った社会」であり、それを代表していたのが小沢、武村という2人の実力者だったと言えます。

政治理念が相反する二つの「非自民」勢力が一時的に合体し、ともに自民党と対峙していた、というのが、細川政権の姿でありました。そして細川政権の崩壊後、二つの勢力は長い間、権力闘争の要素もはらみつつ、理念的な対立軸の整理に向けて試行錯誤を試みることになるのです。

「改新」騒動……小沢一郎氏の「左派切り」

それはまず、細川政権の後を受けた羽田孜政権（94年4月発足）で、社会党とさきがけが政権から離脱したことに表れました。

まず、小沢氏との対立がのっぴきならなくなっていた武村氏率いるさきがけが、羽田政権では閣僚を出さず閣外協力に転じました。さらに、小沢氏が羽田政権において、細川政権での与党から社会党を除いた政党と統一会派「改新」を結成しようとしたこと（つまりは露骨な「社会党外し」であり、同党の影響力低下を狙ったものでした）に、社会党が激怒し、政権離脱を表明しました。羽田政権は発足と同時に少数与党に転じてしまい、わずか2カ月で総辞職を余儀なくされたのでした。

なお「改新」には細川氏の日本新党も加わったのですが、党内には小沢氏に反発する議員も多く、彼らの多くは改新騒動に先立ち、離党して武村氏の新党さきがけに加わっていました。のちに立憲民主党の初代代表となる枝野幸男氏も、立憲民主党の結党まで枝野氏とずっと政治行動をともにしていた前原誠司氏（国民民主党）も、この時に日本新党からさきがけに移った1年生議員でした。

この「新党さきがけ」という小さな政党で育った議員たちが、ここから15年後に誕生する民主党政権において、主導的な立場を担うことになるのです。

「自社さ」vs新進党の「保守2大政党」

羽田政権が短命に終わり、その直後の首相選びは、日本の政治史の中でも珍しい混迷の中で行われました。何しろ、衆院本会議での首相指名選挙まで、誰が首相に選ばれるか分からない状況だったのです。

大きく分ければ、自民党と、細川・羽田両政権を作った小沢氏ら「非自民」勢力による戦いでしたが、どちらも単独では過半数に達しません。羽田政権から事実上離脱した社会党とさきがけが、政局のキャスティングボートを握ることになりました。

社会党とさきがけは合同で「政権構想」を作り、それを受け入れた勢力を支持することになったのですが、両党と袂を分かった形になる小沢氏らはこれを一蹴。一方、何としても政権復帰を果たしたかった自民党側はこれを受け入れた上、さらに社会党の委員長、村山富市氏を首相に担ぐことを決定しました。

対する小沢氏らは、55年体制下の自民党で選挙制度改革に取り組んだ海部俊樹元首相を、自民党から引き抜く形で擁立。首相指名選挙は事実上「村山vs海部」の戦いとなり、決戦投票の末に村山氏が勝利したのです。

まさかの「社会党議員を首相とする政権」の誕生。「社会党の首相」もさることながら、つい最近まで続いていた55年体制下でまさに「対立軸」だった自民党と社会党が連立を組んだことは、政界のみならず多くの人々に衝撃を与えました。特に、首相に就任した村山氏が、それまでの社会党の党是を覆して「自衛隊合憲」「日米安全保障条約の堅持」を次々と打ち出し基本政策の大きな転換を行ったことは、社会党内を大きく動揺させ、結果として同党はその後、党勢を大きく衰退させることになりました。

細川、羽田両政権を作った小沢氏ら「非自民」勢力側は、こうして1年もしないうちに、選挙を経ずして自民党に再び政権を奪われました。小沢氏らはその年の暮れ、細川政権の各政党を合流させ、首相指名選挙で擁立した海部氏を党首とする「新進党」を結党しました。新たな野党第1党の誕生です。党の実権は当然ながら小沢氏が握っており、小沢氏は翌95年の党首選で、羽田氏を破って名実ともに党のトップに躍り出ました。

自民党の対立軸となる野党第1党が、社会党から、新自由主義を掲げる小沢氏ら「改革保守」の政党となった――。それはまさに、当時の小選挙区制導入論者が望んだ「保守2大政党」の始まりだったと言えましょう。

しかし一方で、この頃の自民党は、現在の自民党とはかなり性格の違ったものでした。「政治とカネ」で国民の信を失い、一度は政権の座を追われたことを省みた上での謙虚さが、この頃の自民党にはまだありました。

一つは、当時の自民党執行部の顔ぶれです。総裁の河野洋平氏、政調会長の加藤紘一氏はともに、党内きってのリベラル派。特に、実務的に社さ両党との接点が多かった加藤氏は、常に両党の立場を尊重した政権運営を心がけていました。

よく取り上げられるのが、連立3党における政策決定システムです。村山政権では各省庁別に「調整会議」という組織が設けられ、そこで3党の代表が議論する仕組みになっていましたが、各会議の人数比は「自民党3、社会党2、さきがけ1」となっていました。つまり、自民党が数の上で「多数決で押し切る」ことができない構成だったのです。

少し余談になりますが、自民、社会両党に比べ人数の少ないさきがけは、ほぼ全ての議員がどこかの調整会議で党を代表して政策決定の場に加わることになりました。当時1年生議員だった枝野氏や前原氏、玄葉光一郎氏といった若手政治家が、大ベテランの自民党議員らを向こうに回して政策の議論をしていたのです。まだ30代そこそこの若手だった彼らにとって、このことが政治家としての大きな鍛錬の場になったことは間違いありません。当時の彼らの経験は、のちの民主党政権で少なからず生きたのではないかと思います。

とにかく、この政策調整会議にみるような政権運営システムが、自民党を今では考えられないほど謙虚にさせたのは確かです。

もう一つは、政権発足にあたって自民党が受け入れた、社会党とさきがけによる政権構想の存在があったでしょう。

この政権構想を作ったのが、当時社会党の政審会長（社会党では党の政策責任者のことを、政調会長ではなく政審会長と呼んでいました）だった関山信之氏（のちに民主党に移籍。後継は立憲民主党で幹事長を務めた西村智奈美氏）、さきがけの政調会長だった菅直人氏（のちの首相）の2人でした。言ってみれば、のちに両党の大半の議員が結集して結党される民主党につながる理念が、村山政権には一定程度注ぎ込まれていたとも言えるのです。

この政権構想を自民党も大切にしていた（大切にせざるを得なかった、という方が正しいのかもしれませんが）からこそ、村山政権は、戦時中の日本の植民地支配と侵略に「痛切な反省の意」と「心からのお詫び」の気持ちを示した戦後50年談話（村山談話）の発表、被爆者援護法の制定といった、自民党単独政権ではなし得なかった政治的業績も残したと言えます。

政治を語る主流の人々の間では、村山政権は今でも「55年体制で対立した自民党と社会党の野合」と否定的に語られることが多いようです。自民党と連立を組んだ社会党やさきがけにも「小沢憎し」のあまり自民党の延命に手を貸した」との批判があります。それは全く間違いではありません。

しかし一方で、この政権にはこの30年間の日本の政治にはなかなか見られなかった、穏健でリベラルな政策の実現や民主的な政権運営など、評価すべき点も少なからずあったことも、心に留めておきたいと思います。

「保守2大政党」に抗う旧「民主党」

村山政権は1995年の阪神・淡路大震災や地下鉄サリン事件など、日本を揺るがす大きな問題に次々と見舞われました。70歳を過ぎていた村山首相は、さすがに疲れを感じたのか、翌96年1月に辞意を表明。後継の首相には自民党の橋本龍太郎氏が就任しました。

自民党にとっては待ちに待った、自党のトップを首相にいただく政権の復活。ここに「自民党と新進党の保守2大政党が政権を争う」構図が、より明確になってきたわけです。

この状況への対応を迫られたのが、自民党と連立を組んでいた社民党（96年1月に社会党から改称）とさきがけの2党でした。

次の衆院選は小選挙区比例代表並立制で戦う初の衆院選となります。「2大政党の戦い」が前提となっているこの選挙制度のもとで、小さな社さ両党が単独で選挙を戦えば、小選挙区では自民、新進の2大政党にのまれ、壊滅的な打撃を被るのは目に見えています。

だからと言って、次の衆院選を自民党とともに戦い、選挙後も連立を組む選択肢は、両党にはありませんでした。そもそも、自民党は単独で、全ての小選挙区に候補者を擁立できるだけの力があります。連立を組むことを前提に選挙協力し、選挙区で候補者調整することなど、まず考えられません。

こうした中で浮上したのが「社民、さきがけ両党の合併による新党結党」でした。紆余曲折があり、新党運動の先頭を走っていたさきがけの鳩山由紀夫代表幹事（のちの首相）が社民党の村山富市、さきがけの武村正義両党首の新党参加を拒む（いわゆる「排除の論理」）事態となりましたが、結果として両党の所属議員の大半が結集する形で、新党「民主党」が誕生しました。

民主党の結党大会は衆院解散（9月27日）の翌日。代表には鳩山氏と、橋本政権の厚相として、薬害エイズ問題への取り組みで当時国民的人気を誇っていたさきがけの菅直人氏（のちの首相）が「2人代表」として就任しました。

小選挙区制導入後初の衆院選。「2大政党による政権選択選挙」を目指していたはずの衆院選は、選挙戦に突入する段階で、構図が変化しました。政権与党の自民党に対し「改革保守の色合いが濃い新進党」「リベラル色の強い民主党」という、理念の異なる二つの野党が挑む「三つどもえの戦い」になったのです。

「保守2大政党」を目論んでいた勢力にとって、民主党の結党による三つどもえの構図の誕生は、きっと面白いものではなかったに違いありません。

「希望の党騒動」との共通点

さて、本書執筆時からこの選挙を振り返ると、どうしてもこの21年後に起きた、２０１７年の「希望の党騒動」を想起せざるを得ません。つまりはこういうことです。

2017年9月、自民党政権の安倍晋三首相が衆院を解散するのに合わせて、東京都の小池百合子知事が新党「希望の党」の結党を発表。前原誠司代表率いる野党第1党・民進党（民主党から改称）が、この「希望の党」への「丸ごと合流」を決めました。これが「希望の党騒動」の始まりです。

「希望の党」はかつての新進党のような「改革保守」的な要素を持つ政党とみられていました（小池氏自身、新進党に所属していたこともありますし、新自由主義色の極めて濃かった小泉政権では閣僚も務めていました）。そこに、保守系の前原氏率いる民進党が合流を決めたことで、政界は一瞬にして「自民党vs希望の党の保守2大政党による政権選択選挙」の様相を呈しました。

ところが、その構図はわずか一日で壊れました。小池氏は民進党の合流にあたり、同党のリベラル系議員の「排除」を宣言。これに反発した枝野幸男氏らリベラル系議員が、希望の党への合流を拒んで民進党を離党し、衆院選の公示1週間前に新党「立憲民主党」を結党したのです。

希望の党を96年当時の新進党に、立憲民主党を96年当時の民主党に置き換えれば、選挙の構図は非常によく似ていると気づかされます。「保守2大政党」の構図が作られようとする中で、小さなリベラル系勢力が割って入り「三つどもえ」となることでその構図を阻む、ということです。

この話は後ほど繰り返すことにしましょう。とにかく、小選挙区制は本来、政権与党（自民党）と野党勢力が「1対1」で戦うことを想定していたのですが、この1996年衆院選では、与党・自民党に対し、改革保守系の新進党、リベラル系の民主党という、異なる政治理念を持つ二つの野党勢力が戦いを挑む構図となったわけです。

「野党がまとまらず二つに割れている」ことになりますから、この選挙制度のもとでは自民党に有利に働き、政権交代は起きにくくなります。小選挙区制が本来望んだ政治のありようとは異なる政治状況だと言えるでしょう。そのことに苛立ちを覚える人たちが、これまでもしばしば「野党はまとまれ」論を唱えてきました。

しかし、これを野党陣営の側から見れば、野党は「自民党と政権を争うべき野党とは、改革保守系とリベラル系のどちらなのか」という戦いをずっとやってきた、とも言えます。二つの野党勢力は、時には近づき、時にはいがみあいながら、いずれにしても勢力争いをしていました。現在の「立憲民主党vs日本維新の会」も、その流れの中にあります。

「政権選択選挙の準決勝」とでも言うべき「野党間の戦い」が熾烈を極め、なかなか決着がつかずにいることが、自民党の「1強」状態を許したとも言えます。

野党をめぐるこうした政治状況に対する評価は、読者の皆さんの政治的な立ち位置によって異なるでしょう。必ずしも正解があるものではないとも思います。しかし、こういう見方を踏まえた上で、「平成の政治」、すなわち小選挙区制導入以降の日本の政治を見直すと、また少し違った風景も見えてくるのではないかと思います。

第3節　民主党が抱え込んだ「理念の対立軸」

「ゆ党」批判の背景

１９９６年衆院選に話を戻しましょう。

小選挙区比例代表並立制のもとで初めて行われたこの選挙で、自民党は28議席増の２３９議席を獲得し、野党に転落した前回選挙から復調しました。野党第１党の新進党は４議席減の１５６議席と振るわず、野党第２党の民主党は、結党時と同じ52議席を獲得しました。民主党に加わらず独自に戦った社民党は15議席と半減、さきがけは7議席減の２議席と惨敗しました。

結局、どの政党も単独過半数を得ることはできませんでしたが、社民、さきがけの両党の閣外協力によって、橋本政権は継続することになりました。民主党の結党で「２大政党対決」にならなかったことが選挙結果に影響したとの見方もありましたが、新進党と民主党の議席を合計しても自民党に届かないのですから、橋本政権の継続は順当と言えるでしょう。

それはそうと選挙後、鳩山氏と菅氏の民主党には、各方面から「立ち位置を明確にしろ」という批判が寄せられるようになりました。つまり「野党第2党の民主党は、政権与党の自民党と野党第1党の新進党のどちらにつくのか、はっきりしろ」というわけです。

さきがけ時代に自民党との連立政権に入って仕事をした経験が少ない鳩山氏は、かなり強い野党志向を持っていましたが、一方の菅氏は橋本政権で閣僚を経験しています。メディアはその肌合いの違いを突いて、何かにつけて「鳩・菅対立」を煽りました。

新聞社に勤めていた私が言うのもどうかと思いますが、メディアは政治家同士の人間関係(特に対立)が大好きです。珍しい「2人代表制」を採用した政党の代表2人のあつれき、という話は、面白おかしく書きたてたくもなるわけです。私は毎日新聞社で、この民主党の初代担当記者となりましたが、実際に上司からしばしばそんな原稿を求められましたし、ある時我慢できずに「鳩・菅対立は大きな問題ではない」という署名記事を書いたら、ずいぶん社内で批判されたものです。

それはともかく、あの当時の「ゆ党」批判の狙いを今振り返ると、必ずしも「鳩・菅対立を面白がっていた」だけではなかったように思います。「保守2大政党」という「理想」に割って入った、有り体に言えば「目障り」なリベラル勢力を、自民党でも新進党でもいいからどちらかに吸収させて「保守2大政党」の形に収斂させたい。民主党が自民党寄りと新進党寄りのグループに分裂して、より小さな勢力となって2大政党のなかに吸収されてしまえば、なお都合が良い。
ややうがった見方かもしれませんが、政治をめぐる言論環境全体が、そんな考えに染まっていたように思えます。

新進党の解党と新「民主党」誕生

もっとも、当時の鳩山、菅両氏に、保守2党に収斂されようなどという気持ちは、さらさらありませんでした。だいたい、そんな気持ちがあるなら、最初から政党を結党するなんて面倒くさいことをするはずもありません。橋本政権との距離感に多少の温度差があったかもしれませんが、少なくとも2人は「民主党で政権を取る」という思いを、初めから強く持っていました。

そうは言っても民主党は野党第2党。このままではまた次の衆院選で、自民党と新進党の間で埋没してしまいかねません。野党第2党は、まず野党第1党にならなければ、政権選択選挙の一翼を担うことすらできないのです。その道はなお遠いように見えました。

ところが、そんな民主党から見たら、まるで「棚ぼた」のような事態が起きます。衆院選からわずか1年あまりのち、新進党が解党したのです。

前述したように、新進党は96年衆院選で、4議席減と伸び悩みました。「大敗」というほどの敗北でもなかったのですが、それでも「一発での政権奪取」に失敗したことに対し、党内の落胆は大きなものがありました。

自民党はこの機に乗じて、新進党内の元自民党議員に対し、復党の誘い、つまりは「引き抜き」を始めました。まるでくしの歯が抜けるように、日々少しずつ議員が離党し、自民党に復党していったのです。そしてついに97年9月、自民党は選挙を経ることなく衆院での単独過半数を回復しました。

政党とは政治理念や政策が近い人たちが集まって構成する団体なのですから、安易な政党移動など本来起こるはずはないし、起こるべきでもありません。

しかしこの段階では、新進党の元自民党議員にとって、もしかしたら政党とは、政治理念や政策で選ぶものではなかったのかもしれません。もとは同じ政党に属していた議員がほとんど。彼らにとって新進党とは、単なる派閥の親戚のように見えていたのかもしれません。

また実際に「保守2大政党」である自民党と新進党の政策的なハードルは、とても低いものでした。政権交代の意義は「政権与党が行き詰まったら、金魚鉢の水を入れ替えるように政権を代えればいい」という認識だったのでしょう。

自民党の単独過半数回復に危機感を抱いた小沢一郎氏はその後、何と自民党の一部との連立(「保・保連合」と呼ばれました)を模索しました。党内の反対で実現しませんでしたが、小選挙区制を導入して「政権選択選挙」を実現する理想は、いったいどこに行ってしまったのかと歎きたくもなります。

この「保・保連合」構想の失敗が影響したのでしょうか。3カ月後の同年12月、新進党は解党に追い込まれました。たった一度の衆院選敗北で「選挙による政権交代」への意欲を失った野党第1党が、その存在意義を失ったのは当然とも言えました。

そこで動いたのが野党第2党の民主党です。

民主党は97年9月に「2人代表制」を改め「菅代表―鳩山幹事長」体制になっていましたが、2人は新進党の解党を知るや、小沢氏に批判的だった元新進党議員らと接触し、民主党への合流を働きかけました。背後には、労働組合のナショナルセンター・日本労働組合総連合会（連合）の後押しもありました。連合加盟の労組の支持政党が新進党と民主党に分かれていたことに悩んでいた連合は、これを機会に支持政党を民主党に統一することを狙ったのです。

こうした動きの結果、翌98年4月、多くの元新進党議員が民主党に合流し、新たな「民主党」が誕生しました。所属議員は衆院93人、参院38人の計131人。代表は引き続き菅氏が務め、幹事長には小沢氏と袂を分かち新進党から合流した羽田孜元首相が就任しました（ちなみに、小沢氏はこれに先立ち、自らに近い議員とともに、新たに衆参計54人の「自由党」を結党しています）。

民主党はまさに「棚ぼた」で、選挙を経ることなく野党第1党になったのです。

しかし、新進党の多くの議員が合流してきたことは、リベラル系だった旧民主党の性格を、少なからず変えることになりました。

新・民主党が結党時に掲げた理念は「民主中道」。55年体制下で自民党竹下派に属していた議員から、社会党出身の議員までを広く包含する政党となったこともあり、民主党はその立ち位置を、じわりと保守の側に寄せることを余儀なくされたのです。

「政権の選択肢」と認知され始めた民主党

新・民主党にとって初の国政選挙は、結党からわずか3カ月後の98年7月に行われた参院選でした。自民党の橋本龍太郎首相と、その橋本政権で厚相を務めたことを機に国政の表舞台に躍り出た民主党の菅直人代表。この2人が与野党のリーダーとして相まみえることになったのです。

当時の報道機関の情勢調査では、事前の予想は「自民堅調」でした。選挙に対する国民の関心は低く、投票率は下がるともみられていました。

ところが、蓋を開けてみると、自民党は改選議席を16議席減らして44議席という惨敗。参院で与野党が逆転する、いわゆる「ねじれ国会」が誕生し、橋本首相は退陣を表明しました。一方の民主党は、9議席増の27議席を獲得する躍進でした。

政党の勝敗もさることながら、人々を驚かせたのが投票率です。あれだけ事前に「低調」が叫ばれていたのに、蓋を開けてみたら58・84%と、前回（95年）の参院選を14・32ポイントも上回ったのでした。

事前の情勢調査には多少の当たり外れはあるものですが、これほど大きく予想を外した選挙は、他にあまり記憶がありません。後になって、前年の消費税率の引き上げ（3%→5%）や金融不況、アジア通貨危機の影響が指摘されたり「恒久減税をめぐる橋本首相の発言がぶれたから」などと言われたりしましたが、それだけでここまで大きく予想を外す理由にはならないでしょう。今でも不思議な選挙の一つです。

この参院選によって、民主党は一気に「政権の選択肢」として国民に認知され始めました。それが可視化されたのが、参院選後の臨時国会です。「ねじれ国会」が生じたため、首相指名選挙で首相として指名された人物が衆参で異なる事態が発生しました。衆院では橋本氏の後継の自民党総裁となった小渕恵三氏が首相に指名されましたが、自民党が過半数を割った参院では、民主党の菅氏が指名されたのです。両院協議会で調整がつかず、衆院の議決が優先されて小渕氏が首相となりましたが、それでもこの一件は、菅氏が「首相候補」として一定の認知を受けることにつながりました。

国会運営にも変化が生まれました。前年からの相次ぐ金融機関破綻を受け、この年の臨時国会は「金融国会」と呼ばれていましたが、「ねじれ国会」のため政府が提案した金融再生法案が原案通り成立せず、民主党など野党が提出した修正案を、ほぼ「丸のみ」する形で成立したのです。

この時、与野党から法案の修正協議に臨んだ中堅・若手議員は「政策新人類」と呼ばれ、注目されました。たびたび登場しますが、のちに民主党政権で官房長官を務め、民主党の下野後に立憲民主党を結党することになる枝野幸男氏も「政策新人類」と呼ばれた1人です。

前述した村山政権下での与党政策協議と合わせ、民主党の議員は政権を獲得する前に、こうした形で「のちの政権与党」として一定のトレーニングを積んでいたとも言えます。

民主党「保守化」への誘導

民主党が「政権の選択肢」として一定の認知を得られ、政権交代の可能性にある程度の現実味が生まれると、政界では民主党に対し「一層の保守政党化」を求める空気が生まれてきました。

一つは政策面での誘導です。

「政権担当能力」という言葉が、頻繁に聞かれるようになりました。そして、この言葉が口にされる時には「外交・防衛政策は、与党と大きな違いがあるべきではない」などという言葉が、必ずおまけのようについてきました。憲法に関しても、少なくとも改憲を「全否定しない」ことを求める空気が生まれました。

55年体制下のいわゆる革新勢力を象徴するような政策を主張することは「万年野党的」であ

り「政権担当能力がない」のだ、ということが、やたらと喧伝されました。外交・安全保障で現在の方向性とわずかでも異なる選択肢を検討することが、本当に政権担当能力を損なうことなのか、そのことへの真摯な問いはほとんどないまま「政権担当能力＝現実的な外交・安保政策を持つこと」というイメージが作り上げられていったのです。

もう一つは、党内の保守勢力を持ち上げる動きです。

橋本首相を退陣させた98年参院選の後、民主党は２０００年の衆院選で１２７議席を獲得し、党勢は引き続き拡大傾向にありましたが、この前後の選挙で初当選した新人議員には、保守系議員が少なくありませんでした。

小選挙区制では選挙区での当選者が1人に限られる上、無所属候補は比例代表での復活当選ができないため、当選は極めて難しくなります。中選挙区時代のように「保守系無所属で立候補し、当選したら自民党の追加公認を受ける」というやり方は取れません。この結果、自民党から出馬できない候補者が、政権獲得の期待が生まれた民主党からの出馬を目指す流れが生まれました。後に「希望の党」の結党メンバーとなり、その後自民党に移った細野豪志氏や長島昭久氏、のちに民主党政権で外相を務めた後に自民党に移り、岸田政権で総務相となった松本剛明氏らは、この時代の初当選組です。

そしてメディアは、こうした若手の保守系議員を「ネイティブ民主党」などと呼んでもてはやしました。「ネイティブ」とは「初当選の時から民主党で、55年体制下の旧党派のしがらみがない」という意味があり、それはそれで悪いことではないのですが、メディアはやがて、彼らを持ち上げるだけでなく、執拗に世代交代への圧力をかけ始めたのです。

世代交代論と「鳩・菅」への退場圧力

有り体に言えば、それは旧民主党を率いた鳩山、菅両氏への退場圧力でした。最も分かりやすかったのが、2002年9月に行われた代表選です。

代表選は当時代表だった鳩山氏、幹事長だった菅氏、旧社会党出身で北海道知事を務めた横路孝弘氏と、後に首相となる野田佳彦氏の4人の間で争われました。民主党はこの時点で、1996年の旧民主党結党時から鳩山、菅の両氏以外に代表を務めた人物がいなかったこともあり、政界では「鳩・菅の時代は終わった」という「世代交代論」がしきりに流されました。

野田氏や前原誠司氏、松沢成文氏（のちの神奈川県知事、現日本維新の会参院議員）ら中堅議員が「鳩・菅後」をにらんで「第二期民主党をつくる有志の会」を結成したことも注目されました。会の主要メンバーは、自民党が下野して細川政権が誕生した93年の初当選組。保革対立の構図だった55年体制を、政治家として知らない世代であり、いずれも保守系の政治家でした。

代表選で次世代の中堅・若手が先輩の胸を借りて挑戦する、というのは、それ自体は望ましいことだと言うこともできます。しかし、あの選挙での「鳩・菅」に対する「老害」とでも言わんばかりの攻撃は、ちょっと異様でした。「菅氏が代表になれば、民主党は分裂の危機だ」などといった情報も、盛んに流されました。代表選の当事者や民主党の所属議員より、むしろメディアを含む外野の「鳩・菅退場圧力」が過熱していた印象でした。

当時の鳩山、菅両氏は50代半ば。立憲民主党を結党した時の枝野氏とほぼ同じ年代です。彼らが政界の表舞台で注目されるようになったのも、事実上旧民主党の結党前後からなので、せいぜい6、7年です。現在の自民党のように、80歳を超えた実力者が何十年も政治の表舞台に立っていることと比較すれば、そのキャリアはまだまだ長いと言えるものではありませんでした。にもかかわらず、2人には「すこぶる古い政治家」であるかのような印象づけが、メディアでは盛んになされていたのです。

あの代表選の当時、世代交代の名を借りて「民主党の保守化」を狙う言論環境があったことは否定できません。「鳩・菅」への執拗な退場圧力も、2人がリベラル系に属する政治家だったから、という、うがった見方も可能だったのです。

前述したように、民主党は新進党の崩壊によって、同党出身の多くの議員（自民党にルーツを持つ議員が多くいました）を迎え入れました。さらに、小選挙区制の導入で自民党から出馬が難しくなった保守系の若手議員が、民主党から出馬し当選を果たしました。こうして民主党は内部からも一定の保守化が進んだわけですが、一方でリーダーは旧民主党出身の鳩山、菅の両氏。所属議員が党の理念を十分に共有できておらず、それが党内にきしみを生み始めていたのだと、今なら解釈できます。

この代表選では結局、鳩山氏が勝利しましたが、就任直後の幹事長人事が「代表選の論功行賞」と党内で批判され、鳩山氏はわずか3カ月で辞任に追い込まれました。確かに人事への批判は当たっている面もないとは言えませんでしたが、定例の代表選を戦い、正式な手続きを踏んで代表になった人物を引きずり下ろすほどの理由だったのか、という疑念は今もあります。

出直し代表選では菅氏が選ばれ、１９９９年以来の代表返り咲きを果たしました。その意味では「世代交代＝民主党の保守化」の策動は、いったん挫折したとも言えます。

ただ、この時期の菅氏は、市民運動出身の自らの経歴が「政権担当能力の不足」と受け止められかねないことを意識し、改憲論議を頭から否定しないなど、保守層への浸透を図る動きも見せていました。

実際のところ、それが当時の「時代の要請」でもあったのです。

余談ですが、菅氏は代表に復帰すると、幹事長に岡田克也氏、政調会長に枝野氏、国対委員長に野田氏という次世代の実力派を執行部に起用し、結果として後の民主党政権の基盤となる人材を育てました。薬害エイズ問題や東京電力福島第1原発事故への対応に焦点が当たりがちな菅氏ですが、この時の執行部人事は、野党史において地味に評価されていい点だと思います。

小泉政権誕生と民主党の焦り

さて、この2000年代前半、民主党に「保守化」の圧力がかかった理由は、単なる「保守2大政党への圧力」だけではありませんでした。この時期、自民党側に起きた大きな変化が、民主党をも揺さぶった面があったことは否定できません。

小泉純一郎首相の登場です。

1998年の参院選で大敗して以来、自民党は民主党にやや押され気味になっていました。2000年に森喜朗首相のもとで行われた衆院選（民主党は鳩山由紀夫代表）でも、自民党は政権を維持したものの単独過半数を割り込み、一方の民主党は議席を伸ばしました。

そんななか、翌2001年に突然首相の座に駆け上がった小泉氏は「自民党をぶっ壊す！」とエキセントリックに叫び、国民の間に「小泉劇場」と呼ばれる熱狂的なブームを巻き起こしました。自民党のトップでありながら自党を批判するアクロバティックな手法は、自民党に批判的な国民の支持までも引き寄せ、就任時の内閣支持率は8割を超えました。

今振り返れば、郵政民営化をはじめ、小泉氏が掲げた「聖域なき構造改革」は、まさに新自由主義的な施策そのものでした。しかし、その「改革」志向に対し、民主党は「同じ改革勢力」として一定程度の共感を寄せていきました。

先ほど「民主党は保守系とリベラル系が混在し、党の理念を共有できていなかった」と書きましたが、そんな民主党内で当時かなりの議員が共有していたのが「改革」というシンプルなワンフレーズでした。党の中枢を占めるのは、出身政党が新党さきがけであれ新生党であれ「非自民」の細川政権に集った人々。これも今振り返れば「何を改革するのか」ということで認識の一致を見ていなかったとも言えるのですが、とにかく、当時の民主党議員の多くが、小泉政権の誕生に動揺しました。「お株を奪われた」気持ちになったのでしょう。

「改革の「本家」は自分たちだ」。そんな思いからだったのでしょうか。国会では、小泉首相の演説に自民党議員が眉をしかめるなかで、民主党議員が拍手する、という場面も、普通に見られました。

派手な「小泉劇場」の渦に、民主党自身も巻き込まれていったのです。

内政だけではなく、小泉首相は外交も派手でした。2002年9月には、電撃的な北朝鮮訪問で国民を驚かせました。前述した民主党の「世代交代」狙いの代表選は、ちょうど小泉氏の訪朝と同じ時期。「小泉劇場」の陰で党の存在感が薄れていくことへの焦りが「世代交代」の声の高まりを生んだのかもしれませんが、そもそもこの代表選自体が「小泉訪朝」のニュースの中で、完全に埋没していました。

「民・由合併」の光と影

こんな状況下で代表となった菅氏は、就任半年後の2003年夏、大きな勝負に出ます。小泉自民党と戦うために、敵対していた小沢一郎氏と手を結んだのです。いわゆる「民・由合併」です。

新進党解党後の小沢氏の動きを、ここで少し振り返っておきましょう。

新進党の解党後、小沢氏は当然ながら民主党には行かず、自らの下に残った議員らとともに「自由党」を結党しました。「日本改造計画」時代の小沢氏のもともとの持論であった新自由主義的な性格が、新進党時代より強く前に出た政党でした。

98年参院選で民主党が勝利し、橋本政権が倒れると、小沢氏の自由党は翌99年、後継の小渕恵三政権と連立を組み、なんと政権に参画（自自連立）しました。「政権交代で政治を変える」ことを最も強く主張していた小沢氏が自民党と連立を組んだことは、「自社さ」村山政権の誕生並みに衝撃的な出来事だったと思うのですが、なぜか当時の政界は、村山政権誕生の時ほど強烈な拒否反応を示さなかったように思います。「しょせんは同じ自民党」的な思いが強かったのでしょうか。

小渕政権は小沢自由党に続き、公明党とも連立を実現させます。今日まで続く長い「自公連立政権」の始まりです。もともと小渕政権にとって、自由党との連立は「その後に公明党と連立するための呼び水」だったふしがあり、実際に公明党との連立が実現すると、小沢氏と小渕氏の関係は次第に悪化。小沢氏は結局、翌2000年春に連立を離脱し野党に戻ったのですが、この時自由党は「連立離脱組」と「残留組」に分裂してしまいました。

これも余談ですが、のちに「希望の党騒動」を起こす小池百合子東京都知事は、この時の「残留組」のメンバーです。残留組は「保守党」という新党を結党して改めて自民党と連立しましたが、小池氏はのちに自民党に参加し、2003年には環境相に就任して、あの「クールビズ」を導入するなど、リーダー候補として台頭していきました。

小沢氏の話に戻りましょう。そんなわけで小沢氏は、新進党を崩壊させて自由党をつくり、いったんは自民党と連立し、さらに連立離脱にあたってさらに自由党を分裂させてしまいました。小さな野党の党首となった小沢氏の影響力は大きく低下しましたが、それでも根強い「小沢ファン」はおり、一定の財政力もあったため、自由党は衆院選で多くの選挙区に候補者を擁立できる力がありました。このまま衆院選に突入すれば、民主党と自由党の候補者が、多くの選挙区で競合します。96年衆院選で新進党と民主党の候補が競合したことが、立場を逆転させて再び起こることになるのです。

もちろん「選挙区調整による候補者一本化」という手もありました。しかし、菅氏はその道をとらず、小沢氏を民主党の中に「のみ込む」道を選択しました。

おそらく菅氏は、存在感のある小沢氏が、政党のトップとして独自の言動を行えば、野党全体のまとまりをかき乱す可能性があると懸念したのでしょう。だから、小沢氏を党内に囲い込み、自らを唯一の「野党の首相候補」と位置づけることを狙ったのだと思います。

しかし、民主党はもともと「自民党でも小沢新進党でもない、民主リベラルの政党を」というところから生まれた政党です。そのうえ、新進党から民主党に加わったメンバーは、小沢氏に「新進党解党」という煮え湯を飲まされていました。さまざまな理由から、小沢自由党との合流には党内から強い反対論が噴き上がりましたが、菅氏は結果的に党内の説得にどうにか成功。2003年9月、両党は正式な合併にこぎ着けたのでした。

ちなみに、この時の民主党政調会長は、のちに立憲民主党を立ち上げる枝野氏でした。薬害エイズ問題をめぐり菅氏とは一種の「師弟関係」的なものがあった枝野氏ですが、同時に「反小沢」の急先鋒でもあり、合併話に一時は離党までほのめかしたほど。最後は菅氏の判断に従いましたが、この時の経験が、のちの立憲民主党の結党や国民民主党との合併における枝野氏の判断に、少なからず影響を及ぼしたと思います。

「民・由合併」は、国民世論には比較的好意的に受け止められました。やはり当時は「自民党に対抗する2大政党の一翼」の存在が強く求められており、理念の一致より政党の「規模感」を重視する国民が多かった、ということなのでしょう。

実際、小泉首相の登場以降、存在感が希薄になっていた民主党は、自由党との合併で息を吹き返しました。

合併からわずか半月後の同年10月、小泉首相は衆院を解散しましたが、この2003年衆院選は現在「マニフェスト選挙」と呼ばれることが多いです。菅氏が選挙戦で、公約に政策実現の期限や財源を明示する「マニフェスト」の作成を求めたことから名付けられたものです。野党が衆院選の「土俵づくり」に成功したのは、この選挙と、のちの2009年「政権交代選挙」の二つだけ、と言ってもいいでしょう。

衆院選で民主党は177議席を獲得し、240議席（追加公認含む）の自民党に迫りました。民主党の議席数は55年体制ができて以降の野党第1党の獲得議席としては最多のものであり、比例代表の得票数では、民主党は初めて自民党を上回りました。選挙対策という意味では、合併は間違いなく一定の効果がありました。

一方で自由党との合併は、ただでさえ所属議員の政治理念や基本政策のバラバラ感が生まれ始めていた民主党に、さらにバラバラ感を「上乗せ」するような形になりました。細川政権から新進党解党までのいきさつもあり、議員同士の人間関係も複雑でした。民主党の「寄り合い所帯」「党内バラバラ」感は、まさに極まった感がありました。

「民・由合併」は、確かに民主党を政権に大きく近づけたと言えますが、同時に政権獲得後の党内対立と分裂、わずか3年3カ月で政権の座を降りることになる芽を、党内に作ってしまったのかもしれません。まさに「光と影」。その評価は論者によってさまざまでしょうし、私自身もまだ総括ができずにいます。

郵政選挙での惨敗……前原民主党の「改革競争」

マニフェスト選挙から半年後の2004年5月、菅氏は厚相時代の「国民年金未加入」問題で代表辞任を余儀なくされました。当時最大の政治課題は年金制度改革。国会審議のなかで複数の閣僚に年金の未納期間があることが分かり、野党・民主党は積極的に与党を追及していましたが、そのなかで菅氏自身にも「未納」期間があると分かったのです。

菅氏の事例は後に社会保険庁のミス（「未納」ではなく「未加入」）だったと分かりましたが、参院選を2カ月後に控えた党内では、そんな事実が明らかになるのを待つことなく「菅降ろし」が吹き荒れました。ちなみに、菅氏が街頭演説で「未納三兄弟」と呼んで批判した自民党の3閣僚（中川昭一経産相、麻生太郎総務相、石破茂防衛庁長官）が、その後辞任したという話は聞きません。

代表辞任に追い込まれた菅氏の後任には、菅氏のもとで幹事長を務めていた岡田克也氏が就任。幹事長には自由党から合流した藤井裕久氏が起用されました。民主党の代表に「鳩・菅」以外が就任したのは、この時が初めてでした。

この直後、小泉首相自身にも、勤務実態のない会社の厚生年金を受け取っていたという「年金問題」が発覚。国会での岡田氏の追及に「人生いろいろ、会社もいろいろ」と軽口で答弁した小泉首相に、岡田氏は「それが総理の言うことですか！」と色をなして批判しました。

この首相発言が失言と受け止められたこともあり、参院選で民主党は50議席を獲得。改選議席で自民党の49議席を上回って第1党になりました。代表交代のダメージをほとんど受けず、追い風を維持したと言えるでしょう。

また、民主党はこの選挙で「年金目的消費税」の導入を掲げていました。野党が「増税」を主張して選挙に勝ったことについて「政権政党を目指す政党としての評価が高まった」と受け止める向きが、当時は少なくなかったことも付言したいと思います。

ところが、こうした上げ潮ムードは、1年後の2005年夏、突如暗転しました。いわゆる「郵政選挙」です。

2005年の最大の政治テーマは、なぜか年金改革から「郵政民営化」に移っていました。小泉首相にとっては「一丁目一番地」の政策でしたが、自民党内には根強い反対がありました。郵政民営化関連法案は、衆院は通過したものの、参院では党内から多数の造反者が出て、本会議で否決されてしまいました。すると小泉首相は「（民営化の是非を）国民に直接問いたい」として、その日のうちに衆院を解散したのです。

法案が否決されたのは参院なのに、なぜ衆院を解散するのか。そんな疑問は、すべて吹っ飛びました。国民は小泉首相の、ある種の「狂気」に酔いしれました。小泉首相は「改革を止めるな」のスローガンのもと、法案の採決で造反した自民党衆院議員に党の公認を与えなかったばかりか、別の公認候補を「刺客」として送り込みました。

たびたび余談のように登場させて恐縮ですが、小池百合子東京都知事はこの時、選挙区だった兵庫から東京に「国替え」して、東京10区の「刺客」となりました。郵政選挙での「国替え」がなければ、小池氏が東京都知事になることもなかったでしょうし、「希望の党騒動」も起きなかったかもしれないと思うと、これは単なる余談ではないのかもしれません。

郵政解散は「郵政造反組vs刺客」という、自民党内の「コップの中の戦い」ばかりが注目される結果を生みました。言ってみれば自民党の党内政局を、選挙を使ってやってのけたようなものです。政権選択を迫るべき民主党の存在は完全に埋没し、同党は113議席という惨敗を喫しました。民主党が選挙で議席を減らしたのは、この時が初めてでした。

岡田氏は責任を取って代表を辞任。後任に選ばれたのが前原誠司氏でした。2002年代表選で「第二期民主党をつくる有志の会」の一員となり、自らも出馬を模索した前原氏です。当時43歳。メディアをはじめ政界は、前原代表の誕生を非常に好意的に受け止めました。民主党の歴史の中で、最もその就任を歓迎された代表と言えたでしょう。

前原氏が打ち出した方針が、小泉政権との「改革競争」でした。つまり、小泉自民党と同じ政治理念、同じ方向性で「どちらがうまくやれるかを競う」というスタンスです。

言ってみれば「民主党の新進党化」でした。この11年前の1994年に新進党が野党第1党として誕生し、一時的であれ自民党との「保守2党体制」を構築した、まさにそれと同じことを、「新進党へのアンチテーゼ」としてスタートした民主党が、自ら実現しようとしたとも言えました。「目指す社会像の異なる2大政党が政権を争う」構図から、民主党が最も離れてしまったのがこの時期でしょう。

もっとも、党運営の経験のない若い前原氏が（43歳という年齢は、立憲民主党の泉健太代表の就任時の年齢よりさらに若かったのです）、あの熱狂的な「小泉旋風」のなかで、それ以外の選択肢をとることは、極めて難しかったに違いないとも思います。ちなみに前原氏は、代表選で対立候補の菅氏にわずか2票差で勝利したのですが、現在立憲民主党に属する菅氏がもし勝っていたとしても、前原氏と大きく違う方針で党運営を行うのは難しかったのではないでしょうか。「小泉旋風」とはそれだけ猛烈だったのです。

リベラルに急旋回した小沢一郎氏

前原代表のもと「改革保守政党」の色合いを強めつつあった民主党。その状況を大きく転換させたのは、なんと、後から民主党に加わった小沢氏でした。

前原氏の代表時代は、わずか半年あまりという短いものでした。前原氏は2006年春、若手議員が虚偽のメールを材料に国会質問をした「偽メール問題」の責任を取り、早々に辞任に追い込まれたのです（確かに不用意な国会質問でしたが、これも代表辞任まで必要な案件だったのか、当時から疑問に思っています。しかし、菅氏の年金未加入問題といい、民主党は当時から、与党なら問題にならないような細かいことを大きく批判されては代表辞任を繰り返していましたし、また党の方もこうした逆風への耐性がありませんでした)。

前述したような理由で、民主党内には多数の「反小沢」議員がいました。しかし、郵政選挙の惨敗や、偽メール問題で党の信用が失墜したことへの打撃が大き過ぎて、もはや党再建には「豪腕」と呼ばれた小沢氏の力を借りるしかない、という、打ちひしがれたようなムードが生まれていました。

小泉首相よりはるかに早く、新自由主義の旗を振った小沢氏の代表就任。民主党は前原氏が敷いた「改革競争」路線をさらに推し進め、いよいよ名実ともに「新進党化」するのかとみられました。ところが、小沢氏は代表選で、まさかの言葉を口にしました。

「変わらずに生き残るために、変わらなければいけない」

小沢氏は確かに変わりました。政治行動の面では、政党を作っては壊す「壊し屋」路線はとうとう変わることなく、その後も野党陣営を振り回すことになるのですが、少なくとも政治理念、基本政策の面では、小沢氏はこれまでの新自由主義的な立ち位置を大きく変えて、リベラル路線に舵を切ったのです。

人事では旧民主党以来党を引っ張ってきた鳩山氏を幹事長に、菅氏を代表代行に起用し、いわゆる「トロイカ」体制を構築。支持団体の連合とも良好な関係を築きました。小沢代表時代の民主党は「改革の影」を掲げ、新自由主義的社会で生じる格差拡大に焦点を当てた政策活動を展開。何より、就任直後の衆院千葉7区補選で勝利したことで、民主党は郵政選挙以来の暗いイメージをようやく払拭し、党再生に向け踏み出すことができました。

私はこの代表就任直後の小沢氏の言動については、実は高く評価しています（くどいようですが、その後の政局的な振る舞いは全く評価していません）。

何だかんだ言って、小沢氏はやはり、小選挙区制度の特質をよく理解していました。小泉自民党が新自由主義的方向に振れるなら、対抗勢力たる野党・民主党は「違う道」を用意して、政権の選択肢にならなければいけない。そういう意識があったのだと思います。また、今は国民が小泉改革に熱狂していても、やがてその「影」が顕在化し、大きな政治課題となるだろうことへの先見の明もあったのだと思います。だったらどうして、そのわずか1年後（2007年秋）に「自民党との連立」なんて模索してしまうのか、という思いもありますが、それが小沢一郎という政治家なのでしょう。

ということで、トータルでの政治行動への評価はともかく、民主党代表就任と同時にリベラル方向に「振った」小沢氏の判断は、私は正しかったと思っています。

第4節　民主党政権はなぜ「悪夢」と呼ばれたのか

「旧民主出身」鳩山政権の発足と「政治改革の誤作動」

小沢一郎代表のもとで、民主党は党再生の足掛かりをつかみました。

小沢氏が就任した翌年の2007年夏、民主党は小沢氏の代表就任後初めての大型国政選挙となる参院選を迎えました。自民党は、小泉純一郎首相が「党総裁としての任期満了」を理由に首相を辞任。その後継として安倍晋三氏が首相となっていましたが、閣僚の相次ぐ不祥事などで内閣支持率は低迷していました。

小沢民主党は参院選で安倍自民党を惨敗させ、参院は再び、与野党が逆転する「ねじれ国会」となりました。安倍氏はその直後の秋の臨時国会で、開会した途端に辞意を表明。続く福田康夫首相も1年の短命に終わり、後を受けた麻生太郎首相も、就任直後に見舞われたリーマン・ショックを受けて、早々に追い込まれました。

衆院議員が任期満了となる2009年を迎え、政権交代が現実味を帯びる中、民主党も激震に襲われました。小沢氏が、自らの政治資金団体をめぐる事件に絡んで秘書が逮捕・起訴された事件（いわゆる「陸山会事件」）を機に、代表を辞任する事態に見舞われたのです。後任を選ぶ党代表選で、岡田克也氏を破り代表の座についたのが、鳩山由紀夫氏でした。この年の5月のことでした。

小沢氏周りの事件で陰りが見えかけた民主党への支持は、一気に復調しました。鳩山氏の就任から約2カ月後の同年7月。麻生首相は、追い込まれる形で衆院を解散しました。8月の衆院選で民主党は308議席という圧倒的な議席を獲得し、自民党から政権を奪取。翌9月、鳩山政権が発足したのです。

「非自民政権」には前述した細川政権（1993年発足）の例がありますが、この時の選挙は中選挙区制で行われ、政権交代も選挙の結果というより、選挙後の政党間の合従連衡という「永田町の論理」で実現したものでした（何しろ自民党は、この選挙では比較第1党の座を維持していました）。しかし、今回は違います。小選挙区制のもとで初めて「選挙による政権交代」が実現したのです。「国民が政権を変えた」と言っていいでしょう。

しかし、鳩山政権の誕生は「政権交代可能な保守2大政党制」の旗を振ってきた勢力には、おそらく逆の意味の、つまりは悪い意味での衝撃を与えたように思います。

ひと言で言えば「なぜ鳩山首相なのか」ということでしょう。

ここまで書いてきたように、民主党はもともと、衆院選に小選挙区制度が導入された1996年、自民党・新進党の「保守2大政党」に抗い、民主リベラル勢力の一翼を担うべく結党された政党です。その時に菅直人氏と並んで初代代表を務めたのが鳩山氏でした。2人は政界において「リベラル派のリーダー」と位置づけられてきました。誤解を恐れずに言えば、2人は「保守2大政党」を求めてきた勢力にとって、たぶん「目障りな存在」だったのです。

政権交代を実現した頃の民主党は、これも前述したように保守系議員が続々と加わっており、リベラルな党風はかなり見えにくくなっていました。党の基本理念や自民党との明確な違い、目指すべき社会像などが分かりにくくなっていました。それでも、鳩山氏が党のリーダーとして政権交代を実現したことは、小選挙区制導入によって「保守2大政党」という政治の枠組みを模索してきた勢力にとっては、大きな衝撃だったはずです。

「自民党と新進党の保守2大政党」の枠組みを阻むように民主党を結党したリーダーの1人が、自民党から政権を奪う。こんなはずではなかった。これはまさに「民主主義の誤作動」だ。あの時にそう感じた人たちは、決して少なくはなかったと思います。そうでなければ、当時小選挙区制が求めていたはずの「政権交代」という目的を果たした民主党政権が、過剰なほどのバッシングを受けるはずがないからです。

「悪夢の民主党政権」という言葉は、民主党が政権から転落して10年以上が過ぎた今も、執拗に繰り返されています。これほど繰り返されるのはなぜなのか。一体、誰にとって「悪夢の政権」だったのか。改めて考える必要もあるのではないでしょうか。

普天間問題と原発事故……鳩山、菅両首相への風当たり

こういう政界全体の「民主党政権を歓迎しようとしない」空気を察することができれば、民主党政権はもしかしたら、もっとうまい立ち回りができたのかもしれません。つまり「政権交代しても、自民党的なるもの、保守的なるものには大きく手をつけない「保守2大政党」の枠組みの中にいる限り」彼らはもっと歓迎されていたかもしれないのです(それが望ましいかどうかは別として)。

しかし民主党政権、特に鳩山政権は、その意味で「真逆」の道を取りました。その最大の案件が、米軍普天間飛行場(沖縄県宜野湾市)移設問題でした。鳩山代表が衆院選の期間中に発言した「最低でも県外」は、まさに「保守2大政党」を目指した勢力にとって最も重視されていた「政権交代しても外交・安全保障政策は変わらない」という、その根幹に手を突っ込むものでした。

鳩山政権の目指した方向性はともかく、これだけの大きな案件を進めるには、非常に強い政治力が必要なことは間違いありません。政権運営の経験が乏しく未熟だった鳩山政権は、とてもこれだけの大きな案件をさばく力を持たず、迷走を重ねた末に、国民の支持を大きく失って

いきました。

外野の批判は言うに及ばずでしたが、政権の勢いが下降するとともに、民主党内の不協和音も顕在化しました。

前述したように、民主党はこの時点でかなりの「寄り合い所帯」となっていました。民主党は鳩山氏や菅直人氏（鳩山政権では副総理や財務相を務めていました）ら、1996年結党の旧民主党時代からのリベラル系議員が政権や党の中枢を占めていましたが、一方で党内には、解党した新進党出身者との合流（98年）や自由党との合流（2003年）によって、保守系だったり、新自由主義的発想を持ったりしている政治家が、少なからず加わっていました。2000年代に入ると、選挙区事情や政権奪取の見通しの高さなどから、保守系の政治家があえて民主党から出馬するケースも目立っていました。

簡単に言えば、民主党は政権交代を成し遂げた時点で「その後何を目指す政党なのか」が、とても希薄になっていたのでした。振り返るとあの当時は、民主党政権に抱くイメージが、所属する個々の議員たちの間でも、支援する人々の間でも、バラバラだったように思います。

普天間問題の迷走などによって政権運営に早々に行き詰まった鳩山首相は、翌2010年6月に退陣を表明。後継には菅氏が就任しました。

「自民党vs新進党」の保守2大政党に抗い、旧民主党を立ち上げた2人の代表が、ともに首相の座についたのです。さらに言えば、一応は自民党出身（それも祖父は元首相）だった鳩山氏と異なり、菅氏は自民党どころか、55年体制時の野党第1党だった社会党に在籍した経験もない市民運動出身で、ミニ政党の社会民主連合（社民連）から国政に入ったという、相当変わり種の政治家でした。サラリーマンの家に生まれ、世襲議員でもありませんでした。こういう政治家が首相に上り詰めたことに対して、当時の政界の反応は、鳩山氏に対して以上の冷淡さがあったように思います。

就任直後こそ内閣支持率を大きく上げた菅氏でしたが、菅氏も鳩山氏同様、ある意味自ら墓穴を掘る行動をとってしまいました。就任直後、参院選の公約を発表する記者会見で、消費税について「2010年度中に税率などを含めた改革案をとりまとめたい」と発言。税率について「自民党が提案している10%という数字を一つの参考にしたい」と語ったのです。

当時の税率は5%。発言は政界に波紋を投げかけました。

後述しますが、良くも悪くも「消費税」は、非自民勢力にとって極めてセンシティブなテーマでした。支持者の間には「非自民勢力たるもの、消費税の増税には絶対触れるべきではない」という空気があったのでしょう。発言は小沢一郎氏ら「身内」の党内勢力から大きな批判を受けることになり、党内対立のゴタゴタは、国民の民主党への支持をさらに失わせることにつながりました。

結果としてこの参院選で、菅氏率いる民主党は大敗。参院で与野党が逆転する「ねじれ国会」が生じ、菅首相はその後、政権運営に苦慮することになります。

参院選直後の党代表選で、小沢氏との一騎打ちを制してどうにか首相の座を守った菅氏でしたが、その約半年後の２０１１年3月11日、東日本大震災と東京電力福島第1原発事故が日本を、そして菅政権を襲いました。未曾有の大災害と、世界的に見ても最大級の原発事故への「二正面作戦」を強いられ、菅政権が初動の対応に苦慮するなか、代表選で菅首相に敗れた小沢氏が、野党・自民党と組んで内閣不信任決議案の可決、いわゆる「菅降ろし」を画策しました。

「国難」のさなかに党内政局を見せつけられた国民が、民主党政権に強く失望したのも無理はないことでした。菅首相は震災発生から約半年後の同年9月、首相を辞任しました。

ただここで、あえて一つ強調しておきたいことがあります。

菅政権が短命に終わった最大の理由が、民主党の党内対立と、それを制御しきれない政権運営の未熟さにあったことは否定できません。しかし、それに加えて、震災を機に菅首相がとった原発政策が、野党・自民党をはじめ当時の政財界に、大きな脅威を与えたことも間違いなかっただろう、ということです。

事故を起こした東電の「免責」を許さなかったこと。直接被災していない中部電力浜岡原発を行政指導で全炉停止に導いたこと。原発再稼働に際し、所管官庁の経済産業省を介さない新たな基準（ストレステスト）を導入し、再稼働を難しくしたこと。これらの施策の結果、菅首相が退陣した後の２０１２年5月、日本は一時的とは言え、国内で1基の原発も稼働していない

「原発ゼロ」の状態が実現したのです。

菅氏が意図していたかどうかはともかく、これは「原発がなくても日本の電力は賄えるのか」に答えを出す、一種の社会実験でした。震災と原発事故という「国難」なしには、誰も試すことができなかったでしょうが、とにかく「原発が動いていなくても、日本は何とか電力を賄える」という認識を、国民に持たせたのは大きかったと思います。

また、菅政権で法制定のめどをつけた、再生可能エネルギーの「固定価格買取制度」（ＦＩＴ）は、その後の国内における太陽光発電の比率を、飛躍的に高めました。短命に終わった菅政権ですが、少なくとも「原発政策は大きな転換が可能」ということを、現実味を持って示すことに成功したと言えます。

原発政策もまた、外交・安保と同様に、自民党が培ってきた古い権力構造と密接な関係を持っていました。「保守２大政党」を求めた勢力にとって、やはり触れてもらいたくない政策の柱であったのでしょう。原発政策に切り込んだ菅首相は、普天間飛行場移設問題に手をつけた鳩山首相と同様に、古い権力構造には邪魔な存在であり、だからこそあれだけ執拗に批判され続けたのだと思います。

「野党第1党」を守りきった民主党

菅首相の辞任を受けて、民主党政権3代目、そして最後の首相となったのが、野田佳彦氏でした。「非自民」の細川政権が誕生した1993年の衆院選で、細川護熙氏率いる日本新党から初当選した野田氏。55年体制を政治家として知らず、「平成の政治」が始まったのと同時に国会議員の道を踏み出した政治家が、「非自民」の首相になる時が来たのです。

しかし、野田氏が首相に就任した時には、民主党政権はすでに政権を維持する体力が大きく損なわれていました。菅政権下で財務相を務めていた野田首相は、段階的な消費税率の引き上げを含む「社会保障と税の一体改革」を掲げ、2012年に野党の自民、公明両党と「三党合意」を結びました。「増税を政争の具にしない」ことを目指した動きでしたが、民主党が政権交代を実現した2009年のマニフェスト（政権公約）に掲げていない増税方針に、小沢氏らのグループが猛反発。集団で民主党を離党する事態に発展しました。

政党の合併を繰り返して党勢を拡大し、政権にたどり着いた民主党が、その政権を手にした後になって、党を割ってしまったのです。国民の民主党に対する信頼は地に落ちました。衆院議員の任期満了が近づくなか、野田首相は2012年11月に衆院を解散しましたが、政権から転落し、自民党の安倍晋三総裁が首相に返り咲くことは、この時点ではほぼ織り込み済みになっていました。

今でも時折「野田氏は解散のタイミングを間違えた」という声を耳にします。もっと引き延ばせば経済状態が好転し、惨敗は免れたのではないかと。

残念ながらそれはなかったでしょう。民主党は政権を獲得してから3年3カ月近くが過ぎ、衆院の任期満了まであとわずかとなっていました。引き延ばせば延ばすほど「追い込まれ解散」になってしまうのは目に見えていましたし、このわずかな間で政権を立て直すのは、もはや首相が誰であっても難しかったと考えます。

それどころか、実はこの時点で、民主党が政治的に戦うべき相手は、すでに自民党でさえありませんでした。下野はとうに織り込み済み。民主党に問われていたのは「野党第1党の座を守れるかどうか」になっていました。

野田首相が衆院を解散する2カ月前の2012年9月、当時大阪市長だった橋下徹氏が率いる「日本維新の会」が結成されました。橋下氏は弁護士出身。テレビ出演でその弁舌の巧みさが人気を呼び、民主党政権が誕生する前年の2008年に大阪府知事に初当選すると、大阪市を廃止して大阪府に統合する「大阪都構想」の実現を掲げ、任期中の11年に大阪市長に転じました。大阪では自民党をもしのぐ人気を誇っていたのです。

維新の国政進出は「第三極」として注目を集めました。元東京都知事の石原慎太郎氏が率いる「太陽の党」が、衆院選直前の2012年11月に維新と合併したこともあり、「衆院選後は維新が、下野した民主党を上回って野党第1党になるのではないか」という観測も、まことしやかに出されていました。

しかし、野田民主党はこれをぎりぎりで阻止しました。２０１２年12月の衆院選。民主党は57議席と壊滅的な惨敗を喫したのですが、54議席を獲得した維新を辛うじて上回り、野党第１党の座を守ったのです。

これがどれほど大きな意味を持つかは、小選挙区制の特性を考えれば明らかです。

各選挙区で１人しか当選しない小選挙区制は、政権を争う２大政治勢力が、事実上「１対１で戦う」ことが想定されています。いきおい「時の政権与党」と「野党第１党」が対峙することになるわけです。野党第１党は、自らの政党への支持に加え、時の政権与党への批判票をも引き受けて「政権の受け皿」となる責務を負います。

日本の衆院の場合「比例代表並立制」となっていることから、衆院で中小政党が生き残る余地は一定程度ありますが、基本的に政権批判票は野党第１党に収斂されていきます。

野党第１党と第２党の差は、実は政権与党と野党第１党の間より大きい、と私は考えています。実際、小選挙区制が導入されてから現在までの間に、政権交代は２回（２００９年と２０１２年）ありましたが、野党第１党と第２党の交代は、新進党の解党（１９９７年）という、選挙結果とは直接関係ない事象によってしか起きていません。いったん野党第２党に転落すると、第１党に戻るのはかなり難しいと言えるのです。

ちなみに、現在の維新の売り文句は「身を切る改革」。まさにかつての新進党や、同党の解党後に小沢氏が率いた自由党、あるいは自民党の小泉政権のように、新自由主義的な傾向の強い政党です。もし2012年の衆院選で維新が民主党を上回り、野党第1党になっていたら、政界は今ごろ「自民vs維新」の2大政党制となり、かつての「自民党vs新進党」のような「保守2大政党」が定着していたでしょう。民主リベラル勢力は、政界の片隅に追いやられていたに違いありません。

野田氏は多くの民主党の「仲間」の議席を失わせることになってしまいましたが、自らがその汚名を着ることで、結果として民主党再生の芽を残したと、私は考えています。

第5節　立憲民主党誕生の意義

下野で顕在化した民主党の「バラバラ感」

2012年の衆院選で壊滅的な敗北を喫した民主党は、その後長く浮上のきっかけをつかめずにいました。党内対立を散々あおった小沢氏らのグループが党を去っていった後、残ったのはざっくり言えば、主に2003年の「民・由合併」前から民主党にいたメンバーや、2009年の「政権交代選挙」で初当選した若手などが中心となるわけですが、合併前から根強く存在していた党内の路線対立、すなわち保守系とリベラル系の対立が、下野を機に顕在化してきたのです。

これまでたびたび指摘してきたように、民主党の路線対立は、同時に世代間対立の要素がありました。民主党政権を担ったのは、首相を務めた鳩山、菅直人の両氏をはじめ、党の幹部級から中堅であり、保守系の中堅から若手は、当選回数の浅さなどから、政権や党の要職にはついていなかった議員が少なからずいました。民主党政権は決してリベラルなだけの政権でもありませんでしたが（だから何をやりたいのか分からない政権になってしまったとも言えます）、結果として3年3カ月の民主党政権の評価は、政権に近いところにいたリベラル系と、遠いところでやや傍観者的立場にあった保守系との間で、大きく分かれました。

リベラル系議員は党の再生に向け「結党の理念に立ち返る」ことを主張しました。ここで言う「結党の理念」は、新進党離党組が合流した1998年を飛び越え、96年の旧民主党結党時のイメージで語られることが少なくありませんでした。

一方、中堅・若手議員は「解党的出直し」を叫び、自民党でも民主党でもない「第三極」として台頭していた日本維新の会などとの連携を模索しました。保守層の支持獲得を目指し、リベラル色を薄めるとともに、政権中枢を担った結党メンバーらからの世代交代を目指したのです。

政策面での対立と世代間対立が同時進行していた、と言っていいでしょう。思えば党内の空気は、民主党が下野するちょうど10年前、「鳩・菅退場論」が飛び交ったあの2002年代表選の頃と、似通っていたと言えるかもしれません。

リベラル系の議員たちの主軸となる存在がはっきりしないなか、保守系議員の柱になりかけていたのが、細野豪志氏でした。衆院選惨敗の責任を取って野田佳彦氏が首相を辞任し、後を受けて海江田万里氏が代表に就任した時、細野氏は幹事長として、衆院選のわずか半年後に行われた参院選の陣頭指揮をとりました。

忘れがたいのが、東京選挙区の候補擁立をめぐる問題です。

当時の東京選挙区の改選数は5。民主党はこの選挙区に、やや保守系の鈴木寛、リベラル系の大河原雅子の現職2人を擁立しようとしていましたが、党は公示日の2日前になって「共倒れを避ける」として、鈴木氏への一本化を決定。細野氏は「私の責任で一本化した」と語りました。

反発した大河原氏は無所属での立候補を決意。さらに元首相で東京選出の菅氏も、大河原氏への支援を表明しました。選挙結果は結局、鈴木氏、大河原氏ともに落選という最悪の結果となり、共倒れを防ぐことはできませんでした。

東京という限られた場所での出来事でしたが、今振り返ると、4年後に起きる「希望の党騒動」の芽が、この時点ですでにあったとみていいでしょう。

参院選は全国的にみても、結党以来最低となる17議席の大敗。細野氏は幹事長を辞任しました。振り返ればこの時が、民主党の「底」であったように思います。

野党の変化を生んだ安保法制政局

翌2014年。日本の戦後政治史においても、あ然とする「事件」がありました。安倍政権が7月、憲法で認められていないとの解釈が長年定着してきた「集団的自衛権の行使」について、一部を容認することを閣議決定したのです。

戦後70年を迎えた翌15年の通常国会で、与野党最大の対決法案になったのが、安全保障基本法案でした。国会での議論もなく、政府だけで勝手に憲法解釈を変更しておいて、「後付け」のように法律を作ろうとする動きに、野党は強い批判を浴びせ続けました。

テーマが安全保障なだけに、この問題は何か55年体制当時の「保守vs革新」の対立のように見えていたフシもありますが、対立の論点は必ずしもそこだけではありませんでした。むしろ「憲法解釈の変更にかかわるような重大な政治決定を、国会を通さず閣議だけで勝手に決めた」という「国の治め方」「統治のありよう」といったところに、野党の怒りの矛先は向かっていました。そして、いつの間にかその最前線に立っていたのが、当時民主党幹事長だった枝野幸男氏でした。

民主党は、代表の海江田氏が14年末の衆院選で落選し、岡田克也代表、枝野幹事長の執行部体制となっていました。衆院憲法調査会の幹事を務めたことがあるなど、党内きっての憲法通として知られた枝野氏が、前面に立つ形となったのです。

特に強い印象を残したのは、この年9月に野党側が提出した内閣不信任決議案の趣旨説明です。ここで枝野氏は、フィリバスター（議事妨害）と呼ばれる1時間44分にわたる長時間演説を展開しました。

「権力は憲法によって制約される。これが立憲主義です。内閣総理大臣の権力は何によって与えられているか。選挙という人がいるかもしれません。でも、それは半分でしかない。「選挙で勝った者に権限を預ける」と憲法で決められていると同時に、無条件で預けるのではない」

「立憲主義とセットになって初めて、民主主義は正当化されます。多数の意見でものを決める考え方は、それだけでは決して正義ではありません。多数の暴力によってこそ、少数者の人権侵害が生じるからです」

国会の外には多くの市民が「安保法反対」を訴えて詰めかけていました。衆院の本会議場で朗々と続く枝野氏の演説を、彼らはスマートフォンなどを通じてリアルタイムで聴いていました。「枝野がんばれ」。インターネット上に、そんな言葉があふれ始めました。

ちなみに参院では、法案を審議する参院平和安全法制特別委員会の鴻池祥肇委員長への不信任動議が提出されました。趣旨説明には同党の福山哲郎氏が立ち、こちらも約40分間の長時間演説となりました。

枝野氏と福山氏。後にこの2人が中心となって立憲民主党を結党し、新たな野党第1党になることは、当の2人さえ全く想像もしていませんでした。しかし思えば、この時の2人の演説には、のちの「結党の原点」となるものが、すでにあったことがうかがえます。

「共産党との共闘」で党内対立激化

安全保障基本法案に対する野党のたたかいは、結果として野党間の結束を高めることにつながりました。特筆すべきが、これまで「野党はまとまれ」論から距離を置いていた共産党との連携です。

民主党が政権を奪取する前、「政権交代可能な野党第1党づくり」が叫ばれ、野党が「まとまること」が内外から強く求められていた時も、共産党だけはかやの外でした。「まとまれ」という言葉の後には、必ず「非自民・非共産」という言葉が、セットのようについてきました。「保守2大政党」を求める勢力にとって、55年体制時から「革新勢力」と呼ばれてきた共産党がその一角に加わることは望ましくなかったのでしょう。また、共産党が存在することによって衆院選での野党支持層の票が割れ、結果として「政権選択選挙を戦ってはいるが、勝つのはいつも自民党」という状況にしておきたかったのかもしれません。

共産党自身にも、2大政党の一角に加わらないことを良しとする風潮がありました。1998年に民主党が参院選に勝利して衆参「ねじれ国会」を作ったころには「民主連合政府」などといって政権参画の可能性を模索したような向きもありましたが、その後は自らを「たしかな野党」と呼び、野党内で独自性をアピールすることに力を入れていました。

安保法制問題は、そんな野党間の意識を、少しずつ変えていきました。強烈な反動政治を繰り広げ、立憲主義をないがしろにする安倍政治と戦うためには、野党は共産党も含めた闘いの「構え」を作ることが必要なのではないか。そんな意識が民主党の中にも生まれてきました。一方の共産党にも「たしかな野党」路線だけでは安倍政治の暴走を止められない、という意識が生まれつつありました。

しかし、それは民主党内に微妙な波紋を広げました。何度も指摘しているように、民主党の中堅・若手には保守系の議員が少なからずいました。彼らは、民主党が共産党との連携を進めることに、強い不快感を抱くようになりました。

そんななか、民主党代表の岡田氏は、野党の「大きな塊」づくりに乗り出します。

民主党の野党第1党の座を脅かした日本維新の会は、その後党内の路線対立などから分裂を繰り返していました。民主党は2016年2月、もともと民主党にいた松野頼久氏が率いる「維新の党」と合併。党名を「民進党」に改めました。一方で岡田民主党は、この年の夏に迫っていた参院選で、共産党を含む野党との選挙協力を模索。改選数1の「1人区」で野党候補の一本化を図り、11勝21敗という結果を出しました。右と左の両方にウイングを伸ばす、岡田氏らしい戦略でした。

前回2013年の選挙で、民主党は1人区で2勝しかできない惨敗を喫しています。それを思えば、16年参院選はまずまずの結果を出したとも言えました。

保守系議員らはこの結果に危機感を抱きました。来るべき衆院選で「共産党との共闘」がさらに進む可能性を恐れたのです。

翌２０１７年９月。民進党に党名変更して初の代表選が行われました。立候補したのは、民主党政権で外相や国土交通相などを経験した前原誠司氏と、官房長官や経済産業相などを経験し、下野後は岡田代表のもとで幹事長を務めた枝野氏の２人。枝野氏は代表選初挑戦でした。外交・安保政策に通じた保守系の前原氏と、いつしかリベラル系の旗手のように扱われ始めた枝野氏。２人は確かに同世代のライバルでしたが、個人的な関係は良好でした。非自民の細川政権が誕生した１９９３年の総選挙で、ともに日本新党から初当選した同期生。96年の旧民主党結党に新人議員として参加した、言わば「民主党結党メンバーの中で最も若い世代」として、長年にわたり苦労をともにしてきました。

しかし、応援団はそうはいきません。前原氏に保守系の、枝野氏にリベラル系の議員が応援につき、代表選はさながら「保守vsリベラルのガチンコ対決」の様相を呈しました。「最終決戦」「どちらが勝っても離党者が続出する」。そんな緊張感が党内を包みました。「党を割りたくない」として、あえて自らの政治信条とは異なる候補を推す決意をした人まで現れました。

代表選は前原氏が勝利しましたが、枝野氏も善戦。前原氏は党内融和を図るため、枝野氏を代表代行に起用しました。

党内はこれでいったん落ち着くかに見えました。しかし、このわずか半月後、野党をめぐる政治は突然大きく動き出したのです。

「希望の党騒動」と「リベラル大虐殺」

前原氏が勝利した民進党代表選から半月後の9月17日。永田町に突然「月内に衆院解散」という情報が駆け巡りました。野党の選挙準備が十分に進んでいないとみた安倍晋三首相が、不意打ちの解散を仕掛けたのです。安倍首相は25日、記者会見で衆院解散を正式表明しました。

ところが、この日起きたことはそれだけではありませんでした。安倍首相の記者会見に先立ち、東京都の小池百合子知事が緊急記者会見を行い、新党「希望の党」を結成して国政に臨む考えを発表したのです。

小池氏は1992年の参院選で、当時結党したばかりの日本新党（94年に解党）から初当選。翌93年の衆院選にくら替えして当選しました。衆院議員としては前原、枝野両氏と同じ日本新党の同期生となるわけですが、その後の政治的な歩みは、2人とは大きく異なっていました。

小池氏は野党内での曲折を経て、2002年以降は自民党で環境相、防衛相などを歴任し、順調にキャリアを重ねてきた小池氏でしたが、安倍政権で要職から遠ざけられたこともあったのか、16年の東京都知事選に、党の方針に反する形で立候補。都議会自民党の「古い体質」を攻撃してブームを起こし、圧勝で初当選しました。翌17年7月には、自らが代表を務める地域政党「都民ファーストの会」を率いて都議選に臨み、こちらも圧勝。自民党を歴史的惨敗に追い込みました。民進党が「前原vs枝野」で代表選を行う2カ月ほど前のことです。

永田町では「小池氏が新党を結党し、国政復帰を図る」との観測が取り沙汰されるようになりました。そしてそれは「安倍首相の衆院解散表明直前」という絶妙のタイミングで現実になったのです（最終的に小池氏自身は出馬しませんでしたが）。

小池氏の「不意打ち」の新党結成発表は安倍首相をも驚かせましたが、より衝撃が大きかったのは、野党第1党の民進党の方でした。結党メンバーには、民進党が共産党との選挙協力を進めていることに不満を抱き、直前に離党した細野豪志氏らの名もあったのです。

「希望の党」結党は政界に大きなインパクトを与えました。26～27日の毎日新聞世論調査によれば、衆院選の比例代表投票先についての回答は①自民党29％②希望の党18％③民進党8％。結党会見をしただけで、希望の党は民進党を追い抜き、支持率で「第2党」となったのです。

9月28日、安倍首相は衆院を解散。その直後に始まった民進党の両院議員総会で、前原代表は驚くべき提案をしました。「希望の党に合流する」というのです。

具体的にはこういうことでした。①総選挙における民進党の公認内定を取り消す②民進党の立候補予定者は希望の党に公認申請する③民進党は候補者を擁立せず、希望の党を全力で支援する――。

「全員での合流」を力説する前原氏の勢いに押されたかのように、両院議員総会は満場一致で合流方針を承認しました。

しかし、承認の大前提である「全員で合流」方針は、両院議員総会の数時間後には怪しくなってきました。小池知事は日本記者クラブでの記者会見で、こう発言したのです。

「安保法制（安全保障基本法）に賛成していない人は、そもそもアプライ（応募）してこないと思う」。翌日にはかの有名な「全員を受け入れることはさらさらありません」「排除いたします」発言が飛び出しました。

やがて永田町に出回った真偽不明の「排除リスト」には、民進党代表選で枝野氏を支持したリベラル系の議員の名前が、多く記されていました。

衆院選の直前に、所属していた民進党からの公認内定を突然取り消され、民進党が「丸ごと合流」しようとする希望の党からは、受け入れを拒まれる。それどころか、自分が出馬を予定している選挙区に、希望の党が公認候補を立てようとしている――。

民進党のリベラル系議員たちは（衆院が解散していたので、正式には「前議員」でした）、一夜にしてそんな状況に追い込まれたのです。小池知事の記者会見では、質問者の側から「リベラル大虐殺」なる言葉まで飛び出しました。

「枝野立て」立憲民主党の躍進

民進党のリベラル議員たちは、このままではその多くが無所属での出馬（それも希望の党の候補と戦うことになる）や立候補断念に追い込まれ、政界を追われる可能性が現実味を帯びてきました。やがて「リベラルの投票先がなくなる」と閉塞感を抱いていた有権者らが、インターネット上に「#枝野立て」というハッシュタグをつけて、たくさんのメッセージを送り始めたのです。

枝野氏は仲間を救済するため、1人で新党を結成することを決断しました。

2017年10月2日午後5時。枝野氏は東京都内のホテルでただ1人、新党「立憲民主党」の結党を表明しました。完成したばかりの新党のロゴが書かれたボードを手にしながら、枝野氏はこう語りました。

「私は、国民の生活の安心、立憲主義、民主主義、自由な社会、それをしっかり守っていくために、立憲民主党を結成すると決意しました」

さらに「希望の党」をめぐる今回の騒動に言及しました。

「残念ながら、希望の党の理念や政策というものは、私が、そして私たちが積み重ねてきた、私たちの目指す理念や政策の方向性とは異なるものだと判断をせざるを得ません」

枝野氏は希望の党や前原氏への直接の批判は避けながら、さらに続けました。

「この選挙を目指して準備してきた仲間が今回、どうしても選挙に出るなら無所属で出なさい、異なる政党で出なさい、ということを余儀なくされている。私たちの目指す理念、政策の方向性に期待を持って見守っていただいていた皆さんの選択肢がない状況になってしまっている」

立憲民主党が政党の設立届を総務省に提出したのは、この記者会見の翌日の10月3日。衆院選の公示（10日）まであと1週間に迫っていました。

この日夕方、東京・有楽町で、立憲民主党の代表として初の街頭演説に臨んだ枝野氏は、すぐに「異変」を感じました。待ち受けた300人近い聴衆から受けた大きな拍手。「ありがとう」と声をかけてくれる人々の波――。

枝野氏にとって、民主党が政権交代を実現した2009年衆院選の時でさえ、こんな経験はありませんでした。

1人、また1人、友は集まりました。立憲民主党は、10日の衆院選公示までのわずか1週間の間に、公認候補78人の擁立に成功したのです。枝野氏は、希望の党が自らの選挙区である埼玉5区にまで対立候補を立てる厳しい状況のなか、仲間の応援のために全国を駆け回りました。

立憲民主党に「助け船」を出したのが、2016年参院選に続き民進党との選挙協力を進めていた共産党でした。民進党の希望の党への合流について「裏切りだ」と激怒した共産党は、志位和夫委員長が「共産党、立憲民主党、社民党の3党と市民の共闘」を強調。共産党は立憲民主党が候補を擁立した選挙区のうち67選挙区で候補者を取り下げる一方、希望の党については「自公政権の補完勢力」とみなし、積極的に対立候補を擁立しました。

衆院選の構図はおおむね①政権与党の自民、公明両党②希望の党と、東京と大阪で候補者をすみ分けた日本維新の会③立憲民主党、共産、社民の3党――の「三つどもえ」の形で争われることになりました。そして、立憲民主党が日を追うごとに有権者の熱い支持を集めていったのに対し、結党表明直後に高い支持率を叩き出した希望の党は、小池知事の「排除」発言を機に、急激に失速していきました。

投開票日の10月22日。立憲民主党は55議席（無所属で戦った逢坂誠二氏の追加公認を含む）を獲得し、希望の党（50議席）を上回りました。結党の記者会見からわずか20日という超短期間の選挙戦。組織もお金も奪われたなかで「排除された者」の政党である立憲民主党が「排除した者」の政党である希望の党の獲得議席を上回り、新しい野党第1党へと躍り出たのです。

2017年衆院選については「希望の党の戦略ミスによって、野党第1党の民進党が粉々になった、野党自滅の選挙」という、極めてネガティブな評価が一般的です。しかし、私自身は必ずしも、この選挙にネガティブな評価をしてはいません。

希望の党騒動は確かに、野党第1党という「公器」を木っ端みじんにしてしまいました。しかし、民進党のリベラル系議員と保守系議員が立憲民主党と希望の党に分かれ（選挙区事情などもあり、必ずしも議員個人と党の理念・政策が明確に仕分けられたわけではなかったのですが）、それぞれが独立した政党となったことに、一定の意味を見いだすことは不可能ではありません。規模は小さくなりましたが、それぞれの政党の理念・政策は、かつての「大きな民進党」に比べて、より明確になったと言えます。

保守系とリベラル系が呉越同舟状態になり、政党として何を目指すのかが見えなくなっていた民進党を、政治理念の違いによって二つの政党に分け、そこに衆院選で「民意」を注入して新しい政治地図をつくったのが、2017年衆院選です。そして、有権者が野党第1党の座を与えたのは、希望の党ではなく、リベラル系の立憲民主党の方でした。

衆院選のわずか1カ月半前の民進党代表選。「前原vs枝野」の「保守vsリベラル」対決は、党内の戦いでは保守系の前原氏が制したはずでした。しかし、衆院選で示された民意は、党員だけで争われた代表選とは逆に、枝野氏率いるリベラル系の立憲民主党を野党第1党に押し上げました。確かにそこには「排除」された枝野氏らに対する、有権者の「判官びいき」的感情があったかもしれませんが、結果は結果です。

そして、ここまで何度も繰り返してきたように、小選挙区制をとる日本の衆院において、野党第1党と第2党の差は、その議席差より格段に大きなものなのです。

明確にリベラルの立場を取る政党が、初めて野党第1党として、自民党との「政権の選択肢」に躍り出た。2017年衆院選は、そのように位置づけることも可能な選挙なのだということを、心に留めていただければと思います。

第6節　「多弱」野党の主導権争い

「野党まとまれ」に背を向ける枝野氏

「リベラル政党が初の野党第1党に」といっても、選挙結果は決して明るいものではありませんでした。立憲民主党が獲得した55議席は、2012年の民主党（57議席）をも下回り、野党第1党の獲得議席としては戦後最少でした。

一方、政権与党の自民、公明両党は、希望の党騒動による野党分裂にも助けられ、自民、公明の両党合わせて、衆院の定数（465）の3分の2を超える313議席を獲得しました。与野党の議席差はあまりにも大きなものでした。

与野党の議席差もさることながら、もう一つ難しい状況を生んだのは「野党各党の議席差が小さい」ことでした。

衆院における院内会派（国会運営の基本単位）の勢力は、立憲民主党が54人、希望の党51人と、その差はわずか3人。立憲民主党と希望の党のどちらにも加わらず、無所属で戦った野田佳彦元首相ら「無所属の会」は14人。衆院の「元民主・民進党」系会派が、勢力が均衡した形で3分割されていたのです。

もっとややこしいのは参院でした。参院議員は衆院選を戦っていないため、民進党がまだ残っていたのです。衆院選前から存在する院内会派「民進党・新緑風会」が42人と圧倒的な数を占めるなか、立憲民主党は、衆院選前に党に加わり、幹事長となった福山哲郎氏と、衆院選後に入党した蓮舫氏ら5人の計6人、希望の党は3人、という具合でした。

野党第1会派と第2会派の数が拮抗し、「中核」がどこにあるか分からない。しかもそれぞれの勢力が、衆院選をめぐる大きなしこりを残している。こんな状態で、野党がまとまって政権与党に対峙するのが難しいことは、火を見るよりも明らかでした。

永田町からは再び「野党はまとまれ」という声が噴き上がるようになりました。「政権交代可能な野党第1党をつくるには、小異を捨てて大同につき「大きな塊」となるべきだ」。政権交代前の民主党に向けられた声と、基本的には同じものです。

衆院選直後の枝野氏は、当初はこうした考え方に極めて消極的でした。

もともと枝野氏は、かつて所属した民主党・民進党が、小選挙区で自民党と対峙するために政党合併を繰り返して規模拡大を図ってきたことに批判的でした。野党・民主党時代の2003年、小沢一郎氏率いる自由党との合併（民・由合併）が浮上した時には、真剣に離党を考えたほどの人物です。理念や政策の異なる政党と「足して2で割る」形で合併したり、合併のために互いの理念や政策をすり合わせ、相手に合わせて妥協し、党のありようまで変えてしまうような合従連衡には、強い拒否反応を示してきました。

枝野氏にとって、2017年衆院選の経験は、こうした考えをさらに強めることにつながりました。投開票日の10月22日、枝野氏はこんなことを語っています。

「許される妥協の幅を超えて（民主党、民進党が）合従連衡していた」と多くの有権者に思われ、（同党が）なかなか（与党批判の）受け皿にならなかった。絶対に同じ轍を踏まない。近道と思って理念政策、筋を曲げてまで数を増やしてはいけない」

枝野氏のかたくなな姿勢に、「仲間内」の旧民主・民進党関係者やその応援団のなかには、不安やいらだちを募らせる向きもありました。野党がまとまらなければ、実際に選挙では勝てないではないか――。

特に民進党の支持団体だった連合の焦燥感は大きいものがありました。古賀伸明前会長は「緊張感ある2大政党制的体制」を築きたい、という方向性で応援してきた身からすると「歴史が戻ってしまった」という気がしてならない」といらだちをあらわにしました。

枝野氏自身にも迷いがあったと思います。

小選挙区制における野党第1党の党首には「次の衆院選で現政権に対する政権の選択肢になる」、もっと言えば「自らが次の首相候補として認知される」ことが求められます。実際に勝てるかどうかはともかく、少なくとも次の衆院選まで、つまり4年後までに「政権交代の可能性」に対する一定のリアリティを示さなければいけません。戦後最少のわずか55議席という、政権交代の可能性をみじんも感じさせない弱小政党の党首のままでいることは許されません。そして、選挙を経ずに党勢を拡大するには、周囲が求めるように政党合併しかないのです。とは言え、希望の党騒動を見るまでもなく「政権交代のためだけに政党が合併する」ことを、有権者は、特に党の支持者は嫌っている。

野党第1党にさえならなければ、枝野氏も立憲民主党を「小さくてもキラリと光る」リベラル政党として、何回もの選挙を経てじっくりと育てる選択もできたでしょう。

しかし、状況はそれを許しませんでした。枝野氏の苦悩が始まります。

「立憲民主vs国民民主」

枝野氏が苦悶する間に、ほかの野党の間に動きがありました。

2018年、希望の党と民進党の間で、統一会派結成に向けた動きが起きました。結果的にこの構想は頓挫したのですが、この動きをめぐり、希望の党では統一会派への推進派と慎重派の間に対立が発生しました。要は「元の民進党の形に戻りたい」勢力と「希望の党の独自性を重視したい」勢力との主導権争いと言えました。

結局この年4月、希望の党は「分党」を余儀なくされ、翌5月には、玉木雄一郎氏ら民進党出身議員の多くが、参院に残っていた民進党と合流する形で新党「国民民主党」を結党。玉木氏が代表に就任しました。

希望の党騒動で党を離れた議員の、民進党への事実上の「出戻り」でした。この動きには、民進党の支持団体だった連合の意向が強く働いたとされています。

翌2019年は、春に統一地方選、夏には参院選が控えていました。支持政党が旧民進党系の複数の政党に「また裂き」になっていた連合は、これを避けて支持政党を1本にまとめるため、まず民進党と希望の党の一部を合併させ、最後には立憲民主党とも合流する形での「民進党の再結集」を目指したのです。

民進党と希望の党の一部、さらに無所属議員たちが合流すれば、数の上では立憲民主党より優位になるはずです。連合は、国民民主党の結党によって、同党に野党の「大きな塊」を作る主導権を握らせ、立憲を「迎え入れる」形を作ろうとしたのでしょう。

ところが、この合流にあたり、4割超の議員が国民民主党への参加を見送りました。立憲民主党に直接入党する議員が出たためです。結果として国民民主党の議席数は立憲民主党を下回り「国民民主党が野党の主導権を握る」もくろみは崩れました。

立憲民主、国民民主の両党は、この後も断続的に主導権争いを続けました。立憲民主党は数の上では野党第1党でしたが、民進党の組織や財産を引き継いだ国民民主党には「民進党の後継政党」としての強い自負がありました。

どんぐりの背比べのような旧民進党勢力が主導権争いを演じ、それぞれの「違い」ばかりを強調する。野党各党は与党と対峙する前に、まず野党という「内輪」でせめぎ合っていたのです。かつての民進党内での党内対立が、そのまま「政党間の対立」に移っただけ、とも言えましょう。

立憲民主党と国民民主党の主導権争いは、その後もさらに激化しました。2018年末、民主党、民進党時代に党代表を務めた岡田克也氏ら「無所属の会」の議員の多くが立憲民主党の会派に合流すると、国民民主党も翌19年初め、小沢一郎氏率いる自由党（2003年当時の自由党とは別ものです）と統一会派を結成。すると今度は立憲民主党が参院で社民党と統一会派を結成する、といった具合で、主導権争いは過熱する一方でした。

こんな状況のまま、両党は7月の参院選に突入したのです。

立憲民主党が握った「野党再編の主導権」

参院選の結果は、両党の差が明確に現れました。改選議席は立憲民主党9、国民民主党8とほぼ拮抗していたのですが、選挙結果は立憲が17議席を獲得し、改選議席をほぼ倍増させたのに対して、国民民主党は6議席にとどまり、議席を減らしました。

参院選を「立憲民主vs国民民主の主導権争い」という観点で見れば、立憲にはっきりと軍配が上がる結果でした。

永田町の評価は、それでも立憲に厳しいものでした。議席を大きく伸ばしたとは言え、野党第1党の獲得議席としては、前回2016年参院選で旧民進党が獲得した32議席には遠く及びませんでした。旧民進党が四分五裂したのですから仕方ない話ですが、自民、公明の政権与党に対峙するには、この程度の伸びではまだまだ足りないのも事実でした。外野は結局「立憲の伸び悩み」の原因を「野党が多弱状態にあること」に見いだし「野党はまとまれ」論を、さらに声高に叫ぶようになりました。

この時を待っていたかのように、枝野氏が大きく動きました。参院選後の2019年秋から、枝野氏はそれまでの「野党はまとまれ」路線への消極姿勢を大きく転換させ、他党との「合流」に大きく舵を切っていったのです。

枝野氏の狙いについて、政界ではこんな解説が聞かれたものでした。参院選で立憲は伸び悩んだ。枝野氏は結局「野党はまとまれ」論に背を向けた自らの戦術に限界を感じ、方針転換を余儀なくされたのだ――。

果たしてそれだけでしょうか。私はこう解釈しています。

立憲民主党を含む旧民進党系の各勢力の力が拮抗していた参院選前の状況で、立憲への結集を呼び掛けても、反発を呼ぶだけだ。安易に「野党はまとまれ」論に乗れば、連合を介して、参院に残っていた民進党や国民民主党が主導する「従来の民進党の再結成」にのみこまれてしまう。

それではいけない。1人で立ち上げた立憲民主党の旗のもとに、理念をともにする仲間が集まるというプロセスを、何としても作らなければならない。結果としてかつての民進党の仲間が結集したとしても「どのように政党が結成されたか」のプロセスの違いをおろそかにしては、結党以来の支持者を大きく裏切ることになる。

従来型の「野党はまとまれ」論に乗らず、自らの主導で「立憲の旗のもとに集まる」かたちを作るためには、参院選で勝って国民民主党とはっきりと差をつけ、立憲民主党が確固たる野党第1党として再編の主導権を握る必要がある。だから、そこまでは決して、安易な「野党はまとまれ」論には乗ってはならない――。

外野がどんなに「伸び悩み」を言い立てようとも、結果として立憲民主党は参院選で議席を大きく伸ばし、「どんぐりの背比べ」状態だった野党各勢力の中で、ようやく頭一つ抜け出しました。立憲が「野党の中核」としての立場を固め、党首としての自らへの求心力が高まった段階で、枝野氏は満を持して、大きく「方向転換」に踏み切ったのでした。

野党再編の局面転換の始まりでした。

国会での野党共闘、見え始めた成果

枝野氏は国民民主党と社民党、野田元首相らが所属する衆院会派「社会保障を立て直す国民会議」に、衆院での「合同会派」結成を呼びかけました。

こういう局面でよく使われる「統一会派」という言葉を使うことを、枝野氏は嫌いました。野党が一つの「塊」になる前に、まず各党が主体性を持った「構え」をしっかり確立する。党が一つになれるかどうかはその後だ。そんな思いが名称選びにも感じられました。

そして2019年秋の臨時国会。野党の追及が政府・与党を追い詰める場面が目立ち始めました。

メディアは政府・与党の動きにしか注目せず、野党については何かにつけて「だらしない」の一言で片付ければいいと考えているフシがあるようです。しかしこの時期、野党が共同して安倍政権を追及し、政府・与党を動かしたケースは、実はかなりあります。

2020年度からの大学入学共通テストにおける英語民間試験や国語と数学の記述式問題の導入を延期させたことは、その良い例でしょう。野党側は、家庭の経済状況で受験の機会などに格差が生じるとして、当事者の高校生たちの声を汲みながら粘り強く追及。萩生田光一文部科学相が10月のテレビ番組で「(受験生は)身の丈に合わせて頑張って」と発言して大きな批判を浴びたことも重なり、政府・与党は実施見送りに追い込まれました。

11月には共産党の田村智子氏が参院予算委員会で行った、首相主催の「桜を見る会」に関する質問が、国民の大きな注目を集めました。田村氏は「桜を見る会」の参加者数や予算が年々膨れ上がっていることを指摘した上で、綿密な調査に基づいて、安倍首相による会の運営の「私物化」の実態を浮き彫りにしていきました。田村氏の質問からわずか5日後、菅義偉官房長官は次年度の「桜を見る会」の中止を発表しました。

共産党は立憲民主党などとの「合同会派」には加わっていませんでしたが、野党各党はこの追及に対し、全力で協力しました。「桜を見る会」の中止が発表された後も続々と噴出するさまざまな疑惑をめぐり、野党各党は「合同ヒアリング」と称して官僚からのヒアリングを重ね、国会外でも連携して政権を追い詰めていきました。

年が明け、2020年を迎えると同時に、日本は、いや世界中が、新型コロナウイルスの感染拡大という大きな危機にさらされることになりました。

感染拡大防止に有効な手を打てない安倍政権に対し、野党側は対案提示にも力を注ぎました。民主党政権時代の2012年に成立した新型インフルエンザ等対策特別措置法をコロナ禍で使えるようにすることも、1人10万円の特別定額給付金も、野党側の提案です。

特に特別定額給付金をめぐっては、政府・与党は当初「収入半減世帯に30万円給付」との案を2020年度第1次補正予算に盛り込んでいたのですが、野党の提案を受けて与党側からも「10万円給付」を求める声が強まり、政府は補正予算の「出し直し」という異例の事態に追い込まれました。

会派をともにしていない共産党も含む野党各党が「政権にしっかり対峙する」という一つの目的に向けて力を発揮する中で、各党間の信頼感も少しずつ醸成されていきました。国会での協力を積み重ね成果を出すなかで、野党各党の間に残っていた、ややギスギスしていた空気が、多少和らぎ始めました。

新「立憲民主党」結党と玉木氏の脱落

こうした動きに合わせ、枝野氏はさらに強いアクセルを踏み込んでいきました。「桜を見る会」問題の発覚で野党側が攻めの姿勢を強めつつあった2019年末、枝野氏は、翌20年の通常国会を前に、国民民主党の玉木雄一郎代表らに「合流」を呼びかけました。事実上の吸収合併の申し入れと言えました。

玉木氏は「対等な立場で協議をしたい」と応じましたが、枝野氏はあくまで「国民民主党の議員が立憲民主党に加わるか否かを、自分たちで決める」ことを求め続けました。「政党と政党の対等合併」ではなく「立憲民主党の旗のもとに、他の野党各党の仲間が自発的に集まる」形に持っていこうとしたのです。

振り返れば、19年参院選までは国民民主党の側が、立憲民主党に合流への圧力をかける構図でした。しかし、参院選を境にして、攻守は逆転しました。

対等合併ではなく「立憲に加わってもらう」という枝野氏の呼びかけには「上から目線」との批判もありました。一方、結党時から立憲を応援してきたリベラル系の支持者たちは、逆に合流によって「立憲が民主党に先祖返りし、党の主体性を失う」ことを懸念していました。

しかし、枝野氏は2年以上の時を稼ぎ、合流に向け一つ一つ手順を踏んでいました。参院選で党勢を拡大し、立憲が野党の中核として主導権を握る。さらに「合同会派」によって野党間の連携を図り、結果を出すことで信頼関係を深める。そしてタイミングを見計らい、初めて合流に向けて本格的な行動を起こしたのです。

枝野氏は「結党以来の理念を失っていない」と主張できる状況を確保しつつ、結果として「合流」を実現するために、慎重に「時間の関数」を使ったのでしょう。

立憲、国民の両党は、幹事長、政調会長レベルで合流に向けた協議を重ね、結果として立憲民主党の結党時の理念をほぼ曲げない形で「新党」の綱領をまとめ上げました。ちなみに、この時に綱領の取りまとめに汗をかいた責任者は、立憲民主党が逢坂誠二政調会長。そして国民民主党が泉健太政調会長、現在の立憲民主党代表です。

合流新党が結党したのは、2020年9月15日のこと。結党時に党名と代表の選挙が行われ、党名は「立憲民主党」、代表は枝野氏となりました。

結党時の勢力は衆参計150人。自民党の394人にはまだまだ遠く及びませんでしたが、それでも新・立憲民主党の結党は「多弱」の野党が巨大与党に太刀打ちできずにいたそれまでの状態を曲がりなりにも乗り越え、野党第1党として「政権の選択肢」たり得る規模に成長した——と意義づけられました。メディアも「ようやく『2大政党が政権を争う』構図に近づいた」と、比較的好意的に受け止めていたようでした。

ここまでの枝野氏の道のりへの評価は、論者によってさまざまだと思いますが、少なくとも私自身は高く評価したいと思います。「戦後最小の野党第1党」という状況から「複数の政党を足して2で割る」形ではなく、自らの党の主体性をほぼ維持した形で他党の仲間を迎え入れ、曲がりなりにも「政権交代可能な2大政党」の構えを作り上げることができた、と考えるからです。

ただ、一つだけ付け加えておくと、この合流は完璧な形では実現しませんでした。あれほど、一時は枝野氏以上に合流を求め続けていたはずの国民民主党の玉木代表が、この合流に参加せず、一部議員とともに国民民主党に残留したためです。玉木氏はこの後、立憲を含む野党勢力への「逆張り」的な言動を繰り返した末、それが行き過ぎて急速に与党に接近していくことになるのですが……。

第7節　自民党の変質と「立憲vs維新」

菅義偉vs枝野幸男……「理想の2大政党」

2020年9月15日の新・立憲民主党の結党は、メディアの間では「ようやく野党が一つにまとまってきた」「巨大与党に対峙する一定規模の野党第1党ができた」など、主に「規模」の観点から評価する声がほとんどでしたが、私の見方は少し違いました。

「自民党に対峙できる規模の野党第1党」という意味では、過去には1994年の新進党や、2003年の民主党などもありました。ただ、新進党は明確に新自由主義的思考を持つ「改革保守」の政党でしたし、合併を重ねて党勢を拡大した民主党は、リベラル系のリーダーを持ちながら、党内には改革保守系の議員が少なからずおり、正直「政権交代を目指す」ことを除けば、党が目指すものの姿が明確ではありませんでした。

新・立憲民主党は、構成メンバーだけ見れば、確かに民主党（後の民進党）出身者が多数を占めていました。しかし、2017年の「希望の党騒動」による党分裂から再結集への過程で、目指す政治理念・政策の整理が進み、リベラル系の枝野氏が掲げる「理念の旗」のもとに所属議員が集まる形ができました。

2017年衆院選の評価について、先に「明確にリベラルの立場を取る立憲民主党が、初めて野党第1党として自民党との「政権の選択肢」に躍り出た」ことを指摘しましたが、新・立憲民主党は、その政治理念を大きく損なうことなく党の規模を拡大し「政権交代可能な2大政党」の一方を、どうにか担えるところまできたのです。

この新・立憲民主党が結党した翌日の9月16日、政権与党の自民党の側でも大きな動きがありました。安倍晋三首相がその前月、体調不良を理由に突然辞意を表明。後継を決める党総裁選で、安倍氏のもとで官房長官を務めてきた菅義偉氏が選出され、後任の首相に指名されたのです。

偶然とは言え、全く同じタイミングで、2大政党の双方に大きな動きがあったことになります。次期衆院選が、菅首相率いる自民党と、枝野代表率いる立憲民主党を中心とした2大政治勢力の間で戦われることを、この時点で疑う人はほとんどいなかったでしょう。

私は大きな感慨を持って、この政治状況を受け止めていました。

菅氏と言えば、自民党の実力者のなかでも、新自由主義的な色合いが特に強い政治家です。菅氏が好んで使った言葉に「自助、共助、公助、そして絆」があります。「まずは自己責任」

の意識が、とても強い人です。そして、菅氏が掲げる「自己責任社会」からの脱却をうたい、

「支え合いの社会」の構築を目指す立憲民主党の枝野氏が「政権の選択肢」として菅首相に対峙する。

小選挙区制の導入当時からずっと実現を願ってきた「国民が「目指す社会像」を選択する選挙」。それがようやく実現する、と思えたのです。詳細は後述します。

翌2021年の野党は、国会での議席の少なさからは考えられない強さを見せました。秋には衆院議員の任期満了が控えており、年内に衆院選が行われるのは確実な政治状況だったこの年、立憲民主党をはじめとする野党側は、国会での連携のみならず、共産党も含めた小選挙区での候補者一本化に向けた準備を進めました。

コロナ禍対応などで不手際を重ねた菅内閣の支持率が急降下するなか、4月の衆参3補選・再選挙や8月の横浜市長選など、各種地方選挙や国政選挙の補欠選挙などで、野党統一候補は勝ち続けました。特に、のちに首相となる岸田文雄氏の地元である広島での参院再選挙、菅首相の地元である横浜市長選での野党勝利は、自民党に大きな衝撃を与えました。「下野の恐怖」とまではいかないにしても、自民党は次期衆院選での議席の大幅減を恐れ、明らかに動揺していました。

わずか4年前に誕生した「戦後最小の野党第1党」が、政権与党を本気で怯えさせる存在になっている。これは素直な驚きでした。

岸田政権は「遅れてきた疑似政権交代」

菅首相率いる自民党が目指す「自助を重視し、頑張った人が報われる自己責任社会」と、枝野代表率いる立憲民主党が目指す「お互いさまに支え合う社会」。与野党二つの政治勢力が、異なる社会像の選択肢を示して競い合い、有権者が投票でそれを選択する。戦後初めて日本の社会像を有権者が選択できる、本当の意味での政権選択選挙が行われるのだ。

私はそんな期待感を持って、次の衆院選を待っていました。

ところが「政治は一寸先は闇」とはよく言ったものです。実際の政治状況は、ここからわずかの間に、思いもかけない方向に進んでいきました。

横浜市長選での敗北から10日あまりが過ぎた9月3日、菅首相は突然辞意を表明しました。近づく衆院選での敗北を恐れた自民党による、事実上の「菅降ろし」と言っても良い展開でした。

自民党が華々しい党総裁選によって衆院選直前のメディアの話題を散々独占した末に、後任の党総裁、そして首相に就任したのが、岸田文雄氏でした。55年体制当時は自民党内におけるリベラル勢力であった派閥「宏池会」を引き継いでいる岸田氏は、就任早々、菅政権からの大きな路線転換を図りました。ありていに言えば、立憲民主党への「抱きつき」でした。

岸田氏は自民党総裁選の時点から「新しい資本主義」を掲げ、新自由主義的政策の見直しと格差是正、分配を重視する考えを打ち出しました。岸田氏の総裁選特設サイトには、こんな言葉が掲げられていました。

「規制緩和、構造改革などの新自由主義的政策は経済の体質強化と成長をもたらしました。その一方、富める者と富まざる者の分断も生じています。今こそ、「成長」と「分配」の好循環による「新しい日本型資本主義」を構築し、全国津々浦々、成長の果実を実感していただくときです」

よもやの政権転落の可能性までささやかれ始めていた自民党は、衆院選の直前に首相の首をすげ替え、政策を大きく転換させて野党に「抱きつき」、争点を打ち消すことで逆風をかわそうとしたのです。

半世紀も前の昭和の時代、政権交代が全く起こらない55年体制下の自民党が、党内のトップ交代によって政策転換を図った「疑似政権交代」という古い政治が、令和の時代にまさかの復活を果たしました。自民党の党内政局による疑似政権交代ではなく、選挙という国民の選択によって与野党間で政権交代が実現する政治を求めてきたこの30年あまりの政治を、自民党は一瞬で全否定したのでした。

そして、この「疑似政権交代」が有権者に与えた影響も、おそらく大きかったのです。「選挙によって目指す社会像を選択する」という大義名分は失われました。強権的な安倍・

菅政治が終わり、一見ソフトに見える岸田首相が登場したことが、有権者にとっての選挙の意味を大きく減じさせてしまったことを、否定はできません。

有権者は一瞬安堵しました。岸田首相の本質を見極める時間などありませんでした。ほどなく行われた衆院選で、自民党は絶対安定多数を大きく超える大勝を果たし、対する立憲民主党は、公示前議席を減らす「敗北」を喫しました。枝野氏は敗北の責任を取り、代表辞任を表明しました。

選挙結果は私にとって、本当に残念なものでした。個別の政党の勝敗をどうこう言いたいのではありません。考えてみれば、選挙の直前に首相交代という事態を生んだことは、野党にとっては選挙結果を「先取り」してしまったとみることもできます。

しかし、衆院選直前に疑似政権交代、すなわち「首相の首のすげ替え」が起きたことによって「2大政党のいずれに政権を任せるかを、有権者が選挙で選ぶ」という「政権選択選挙」の意義は、大きく損なわれました。自民党が選挙直前に政治的な立ち位置を大きく変化させたことによって（これが見かけ倒しだったことは、後になって分かるのですが）、選挙戦が「目指す社会像の選択」という理想から大きくかけ離れてしまったことをもって、私はこの選挙を「残念だった」と総括しているのです。

「立憲惨敗、維新躍進」評価のゆがみ

2021年衆院選が終わった後、立憲民主党はなぜか、メディアを含む外野の執拗な批判にさらされるようになりました。

立憲が獲得したのは96議席。公示前の109議席から13議席減らしましたが「大敗」というほどの結果でもありません。むしろ個別の選挙区では、自民党の現職幹事長だった甘利明氏を小選挙区で敗退させ、派閥の長でもあった石原伸晃氏を比例代表での復活当選もさせず落選に追い込むなど、いくつかの「金星」をはじめ多くの選挙区で接戦に持ち込みました。くどいようですが、4年前の衆院選で「戦後最小の野党第1党」だった政党としては、まずまず健闘したとみていいでしょう。

ちなみに、自民党も大勝はしたものの、獲得議席自体は276議席から261議席へと、こちらも15議席減らしているのです。

にもかかわらず、メディアは立憲の「敗北」のみを、ことさらにあげつらいました。選挙からまだ間がなく、まともな結果分析などできない時分から、立憲に対して根拠薄弱な「敗因分析」が、山のように浴びせかけられました。「批判ばかりの姿勢が有権者に嫌われた」「共産党との選挙協力は失敗だった」――。

立憲への評価を激しく下げるのと対比するように、メディアがこぞって持ち上げたのが、野

党第2党の日本維新の会です。民主党下野後、党内対立と分裂を繰り返し、一部がかつての民進党に加わったりするなど、地元・大阪はともかく国政での存在感は薄れていた維新ですが、それでも「改革保守の第三極」として、一定の存在感を保っていました。

維新がこの選挙で獲得したのは41議席。前回2017年衆院選の11議席を約4倍に伸ばしたことから、メディアは「維新大躍進」とはやし立てました。「近く立憲を上回り、野党第1党になるのでは」。そんな観測さえ聞かれました。

しかし、立憲の選挙結果は、果たして本当に「惨敗」扱いされ罵詈雑言を浴びせられるような内容だったのでしょうか。維新は本当に「いずれ立憲を追い抜くほどの大躍進」を果たしたのでしょうか。私の印象はかなり異なります。選挙結果に対するメディアの評価には、微妙な「印象操作」があったと考えています。

立憲は確かに公示前議席を下回りました。しかし、同党がこの選挙で獲得した96議席は、民主党が政権を失い、自民党が政権に復帰し第二次安倍政権が発足した2012年衆院選以降、野党第1党の獲得議席としては最も多いものでした。

民主党が下野した2012年を含め、衆院選は計4回行われています。前述したように、この最初の選挙、つまり2012年12月の衆院選で民主党が獲得したのは、わずか57議席でした。この時野党第2党となった日本維新の会が獲得したのは54議席。野党第1党と第2党の議席差は、たったの3議席でした。民主党が維新から辛うじて野党第1党の座を守った、ということは、すでに本書で指摘しています。

その次の2014年衆院選で、民主党は73議席を獲得しましたが、2012年衆院選からの上積みはわずかなもので、党再建の足がかりはつかめていませんでした。一方の維新は41議席。前回より議席を減らしています。そして、維新のこの議席数は、メディアに「躍進」と騒がれた2021年衆院選の議席数と、全く同じです。

さらにその次の2017年衆院選。希望の党騒動によって民進党（民主党の後継政党）が大分裂し、急きょ結党された立憲民主党が野党第1党となったものの、獲得議席は55議席と戦後最少だったことは、すでに見てきた通りです。

そして維新はこの選挙で、11議席と大きく議席を減らしました。これも希望の党騒動のあおりと言えました。改革保守的で、維新と支持層が重なる希望の党が、全国政党として突然登場し、そして維新は希望の党と、東京と大阪で候補者をすみ分ける選挙協力をしました。維新は大票田の東京で、候補者を擁立していません。こうした事情もあり、維新支持層の票の多くが希望の党に流れ、維新は大きく議席を減らしたのです。

ここまで振り返ったところで、さて、2021年衆院選です。

衆院選ごとの野党第1党の獲得議席の推移に着目すれば、野党第1党としての立憲の議席数は、前回の2017年衆院選から倍増に近い伸びを見せたことになります。伸びもさることながら、実際に大事なのは議席の数です。民主党の下野から10年近くを経て、野党第1党の議席は「あと少しで3ケタ」をうかがえるところまで、ようやく回復したのです。

議席数だけではありません。立憲が２０２１年衆院選で得た比例代表の得票数（１１４９万２０９４票）も、２０１２年の民主党下野以降、野党第１党として最も多いものでした。

もう一つ注目すべきは、野党第１党と第２党の議席差です。

２０２１年衆院選で野党第２党の日本維新の会が獲得したのは41議席。野党第１党の立憲との議席差は55議席と、ほぼ倍の差がつきました。実は、この議席差は民主党下野後の４回の選挙で、最も大きいものです。

巨大な自公政権と比べればまだまだ非力とは言え、立憲民主党の野党第１党としての「リアルパワー」は、議席数の点でも、野党の中での力関係という点でも、民主党の下野以降で最も強く、大きなものになりました。やや大げさな言い方かもしれませんが、「多弱」野党の中から立憲が頭一つ抜け出し「野党の中核」として定着し始めた、という評価も可能な選挙結果だったのです。

維新の選挙結果への評価についても「ゆがみ」が感じられました。

「４倍増」と言われましたが、そもそもその比較対象となる２０１７年衆院選で、維新は負け過ぎています。前述したように、この選挙では希望の党をめぐる大混乱がありました。

２０２１年衆院選で維新が大きく議席を増やしたのは、希望の党が消滅したことによって、前回過剰に減らしていた議席を回復したに過ぎません。これも前述しましたが、維新が２０２１年衆院選で獲得した41議席は、その２回前の２０１４年衆院選での獲得議席と全く同じなのです。

そんなことは誰でもすぐに分かることなのに、多くのメディアや識者が十分な分析もないまま、公示前議席との比較という1点のみに着目して「立憲惨敗、維新躍進」という印象を、ひたすら声高に叫び続けました。

どうしてこうなってしまうのか。何となく分かる気がします。

繰り返し指摘してきましたが「政権交代可能な２大政党制」を求めてきた勢力の理想は「保守２大政党」でした。邪推かもしれませんが、かつての民主党勢力が再編されてリベラル色がより強い立憲民主党が勢力を伸ばし、自民党の政権の座を曲がりなりにも脅かしたことは、「保守２大政党」推進勢力にとっては２００９年の民主党政権誕生以上に「望ましからざること」だったとも考えられます。

あの執拗な「立憲下げ、維新上げ」も、平成の時代からずっと続いてきた「保守２大政党を目指し、リベラル系を政界の片隅に追いやろうとする」流れの一環であると考えれば、別に不思議ではないのかもしれません。

「提案型野党」にあおられた立憲民主党

さて、ともかく立憲民主党は、結党以来代表を務め続けてきた枝野氏が辞任し、2代目代表に泉健太氏が就任しました。泉氏は国民民主党からの合流組ですが、同党の政調会長として、合流後の立憲民主党の綱領づくりの責任者を務めた人物です。

党運営の経験の浅い泉執行部は、衆院選直後から吹き荒れた立憲批判の嵐に、冷静に対抗できませんでした。「決して負けてはいなかった」選挙結果を「惨敗」と思い込んだ立憲は、野党批判勢力からの「野党は批判ばかり」という声も「共産党との共闘を見直せ」という提案も、まともに正面から受け止めてしまったのです。野党批判勢力の声を、政治性を帯びたものとしてではなく「まともな国民一般の声」と考えてしまったのでしょう。

それが彼らの党改革を「提案型野党」という間違った方向に導きました。

最大の失敗は、野党合同ヒアリングをなくしたことでしょう。「『提案型』なのだから、批判しているように見えるのは良くない」という、野党にあるまじき考えに陥ってしまったのです。共産党との協力に当初消極的だったのも、おそらく「批判勢力に見られたくない」という意識が強くあったのではないでしょうか。

「桜を見る会」問題などで強い威力を発揮し、立憲民主党だけでなく野党全体に大きな力を与え、その存在感を高め、2021年衆院選で自民党を土俵際近くまで追い詰めた、その源泉が野党合同ヒアリングだったはずでした。こうした「武器」を、泉氏率いる立憲民主党は、野党批判勢力に言われるままに安易に手放し、岸田政権にとって居心地の良い国会を作ってしまいました。立憲民主党は国会での存在感をみるみる失いました。コアな党支持者たちは支持への熱意を低下させ、非自民系の無党派層は立憲の存在自体を忘れていきました。

衆院選からわずか半年後の翌22年夏には、参院選が予定されていましたが、立憲民主党が野党「共闘」路線を見直したことで、多くの野党がバラバラに戦うことになりました。結果は戦う前から明らかでした。立憲は17議席と改選議席を6議席減らし、衆院に続いて敗北する結果となりました。

2021年衆院選の総括を誤った結果、立憲民主党は22年参院選で本当に負けてしまった。私はそう思っています。

それにしても衆院選の時に「野党共闘は失敗だった」と立憲をあおった多くのメディアが、その舌の根も乾かぬうちに、参院選の敗北の理由を「野党共闘しなかったこと」に求めてあざ笑うご都合主義には、本当に呆れるばかりです。

「全国政党化」に成功していない維新

さて、もう一方の日本維新の会の参院選はどうだったのでしょう。

2021年秋の衆院選で立憲民主党が議席を減らし、維新が大きく伸ばしたことで、参院選は「次期衆院選で自民党と政権を争う相手にふさわしいのは、立憲と維新のどちらか」を争う「野党の準決勝」的な位置付けが生まれていました。前述したように、衆院において立憲と維新のリアルな力の差はむしろ開いたという見方もできたはずでしたが、メディアの空気は全くそうではありませんでした。攻め上がる側の維新には、明確に「いずれ立憲に取って代わる」という意識がありました。

参院選で維新は12議席を獲得し、改選6議席を倍増させました。比例代表の得票では、維新の得票数が立憲を上回りました。

議席だけ見れば、衆院選からのトレンドは続いているようにも見えました。「保守2大政党」が大好きなメディアは、立憲を「オワコン」扱いしつつ、維新に対しては「参院選でも圧勝！近い将来の野党第1党に」とあおり立ててもおかしくはない――。

ところが、そんな空気は、政界にはほとんど生まれませんでした。「議席増でも『力不足』」。新聞にはそんな見出しが躍りました。維新の松井一郎代表（大阪市長）は、開票結果を見届けることなく辞意を表明しました。

維新に「勝利感」が生まれなかったのは、選挙区での伸びを欠いたためです。大阪の地方政党からスタートした維新ですが、選挙区での結果は東京で議席を得られないなど、大阪以外での広がりを欠きました。政権を目指す野党第1党として最低限必要な「全国政党」への足がかりをつかむことが、十分にはできませんでした。

また、党が最重点選挙区と位置づけていた京都で、同党公認の新人候補が立憲現職（初代幹事長の福山哲郎氏）に敗れたことは「比例の得票で立憲に勝った」高揚感を打ち消すのには十分でした。

参院選から9カ月後の2023年4月、統一地方選と衆参の五つの補欠選挙が行われました。維新は奈良県知事選や衆院和歌山1区補選で勝利し、地方議員の数も増やしました。選挙結果だけを見れば、維新は順調に党勢を拡大しているようにみえますが、東日本での伸びを欠くなど、「全国政党」と呼ぶにはまだ心許ない状況で、それは22年参院選から変わっていません。

少なくとも「「改革保守」の維新が「リベラル」な立憲民主党に取って代わり、新たな「保守2大政党政治」が幕を明ける」という印象操作は、本書執筆時点（2023年夏）では、少なくとも功を奏していないと言っていいでしょう。

潰されなかった「リベラル」の歴史

ずいぶん長い旅になってしまいましたが、平成の約30年間、もう少し正確に言えば、衆院に小選挙区比例代表並立制が導入される前夜からの日本の野党史を、ほぼ時系列で振り返ってきました。焦点を当ててきたのは、野党の中での保守勢力とリベラル勢力のせめぎ合いです。もう一度簡単に振り返っておきましょう。

「昭和の政治」、すなわち55年体制とは、自民党が長期に政権を維持し、社会党は政権を取ろうとしない「万年与党vs万年野党」の構図でした。2大政党ではなく「1と2分の1政党」などと呼ぶ向きもありました。議席の数も社会党が自民党の半分程度という状況を、若干やゆする意味合いで使われた言葉でした。

「平成の政治」とは、小選挙区制の導入によってこの状況を脱却させ「2大政党が政権を争う」構図を目指した政治と言えます。

しかし、もともと「1と2分の1政党」だったわけですから、ここから自民党と勢力が拮抗した政治勢力の塊を急に作ろうとすれば、いきおい野党側は、従来の社会党など革新系勢力に、保守系の勢力を加えた「寄り合い所帯」にならざるを得ません。その「第1形態」と言えるのが、自民党離党組の新生党やさきがけと社会党までが糾合して政権をつくった細川政権(1993年)だと言えます。

以来、野党第1党は新進党(1994年)→民主党・民進党(1998年)→立憲民主党(2017年)と移り変わり、その過程で保守系議員とリベラル系議員が、その時々に応じてせめぎ合いを続けることになりました。

思い出してみてください。小選挙区制が導入された理由は、自民党の「政治とカネ」問題だったはずでした。ところが、いつしか政治改革の目的は選挙制度改革に矮小化され、その結果、自民党はほとんど自己改革を迫られることがないまま、野党ばかりが変革を求められ、右往左往させられてきたのです。それが私の考える「平成の日本政治史」の姿です。

学識者やメディア、論壇を含む政治の言論環境は、ほぼ一貫して「保守2大政党の実現」（もっと言えばリベラル系の弱体化）を野党に求め続けてきました。しかし、それが実現しそうになるたびに、これに抗う形でリベラル勢力が台頭し、簡単に潰されないしぶとさを見せてきました。ポイントはいくつもありますが、最も分かりやすい3点を提示したいと思います。

第一が「旧民主党の結党」（1996年）です。

野党第1党として改革保守の新進党が結党し（1994年）「従来保守の自民党vs改革保守の新進党」の構図ができかかると、96年に社民党（社会党から改称）と、リベラル系政党のさきがけの両党の大半のメンバーが合流して（旧）民主党が結党し、2大政党の間に「第三極」として割り込みました。民主党は「自民党につくのか新進党につくのかはっきりさせろ」と「保守2大政党への収斂」に向けた圧力を受け続けましたが、逆に新進党の方が衆院選敗北を機に解党してしまい、98年には同党の離党者を加えた新たな民主党が、棚ぼたで野党第1党に躍り出ました。

第二が「民主党政権の発足」（2009年）です。

幹部級にリベラル系が多かった民主党に対し、今度は基本政策の保守化を求める圧力がかかり始めました。「世代交代」を大義名分に、中堅の保守系議員の台頭を促す動きもありました。

しかし、それも奏功せず、民主党は旧党の結党から13年かけて政権交代を実現。旧民主党で初代代表を務めた鳩山由紀夫、菅直人というリベラル系リーダーが、2代続けて首相になりました。

そして第三が「立憲民主党が野党第1党になったこと」（2017年）です。

民主党が3年3カ月で政権の座を再び自民党に奪われると、その後同党は「悪夢の民主党政権」などと執拗に叩かれ続けました。党内の保守系とリベラル系の対立が先鋭化するなか、突然「希望の党騒動」（2017年）が起こりました。この年の秋の衆院選直前に突如結党された改革保守政党・希望の党に、民進党（民主党から改称）が合流を決定。リベラル系議員を「排除」し、切り捨てる動きに出たのです。

ところが「排除」されたリベラル系議員は、衆院選の公示直前、枝野幸男氏が1人で立憲民主党を結党。多くのリベラル系候補が結集し、同党は衆院選で希望の党を抑えて、まさかの野党第1党に躍り出ました。

明確にリベラル系を標榜する政党が、初めて野党第1党となったのです。確かにその規模は戦後最小だったかもしれませんが、ここで「野党第1党が希望の党でなく立憲民主党であったこと」は、本当に大きな意味がありました。野党第1党とは「政権の選択肢」であり、これは野党第2党以下には決して担えないものだからです。

このように振り返ると、リベラル系勢力は「保守2大政党」を求める政界全体の空気のなか

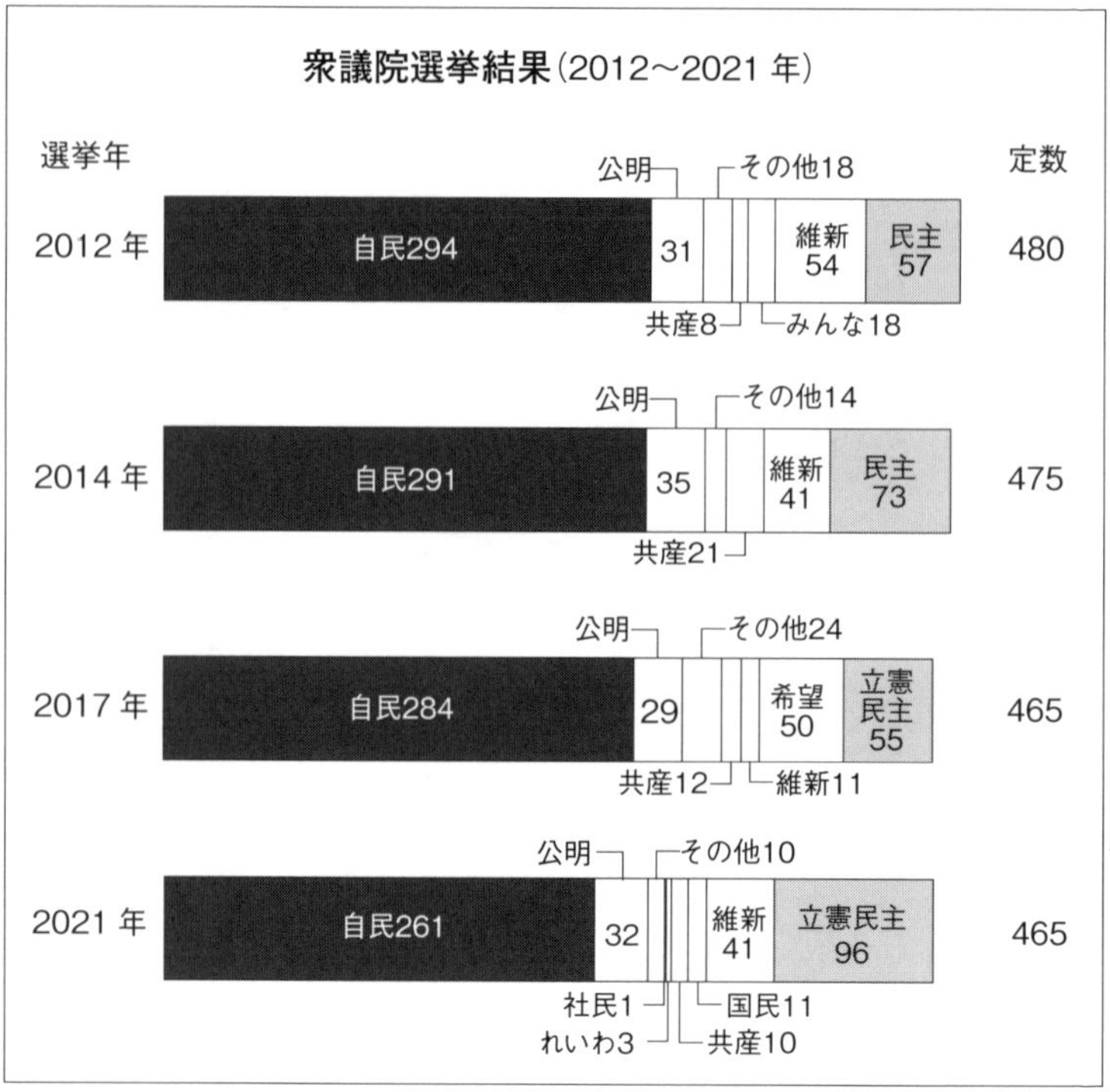

で、何度となく潰されそうになりながら、しぶとく押し返して今日に至っている、と思います。いや、押し返すどころか、野党第1党の変遷を「新進党→民主党（民進党）→立憲民主党」と時系列で並べてみれば、その気になれば「国会の構図は自民党に対峙する勢力のリベラル化が進んでいる」という見方すらできるのではないでしょうか。

膨大な印象操作のなかで見えにくいですが、彼らのしぶとさに対し、私たちはもう少し敬意を払ってもいいと思うのです。

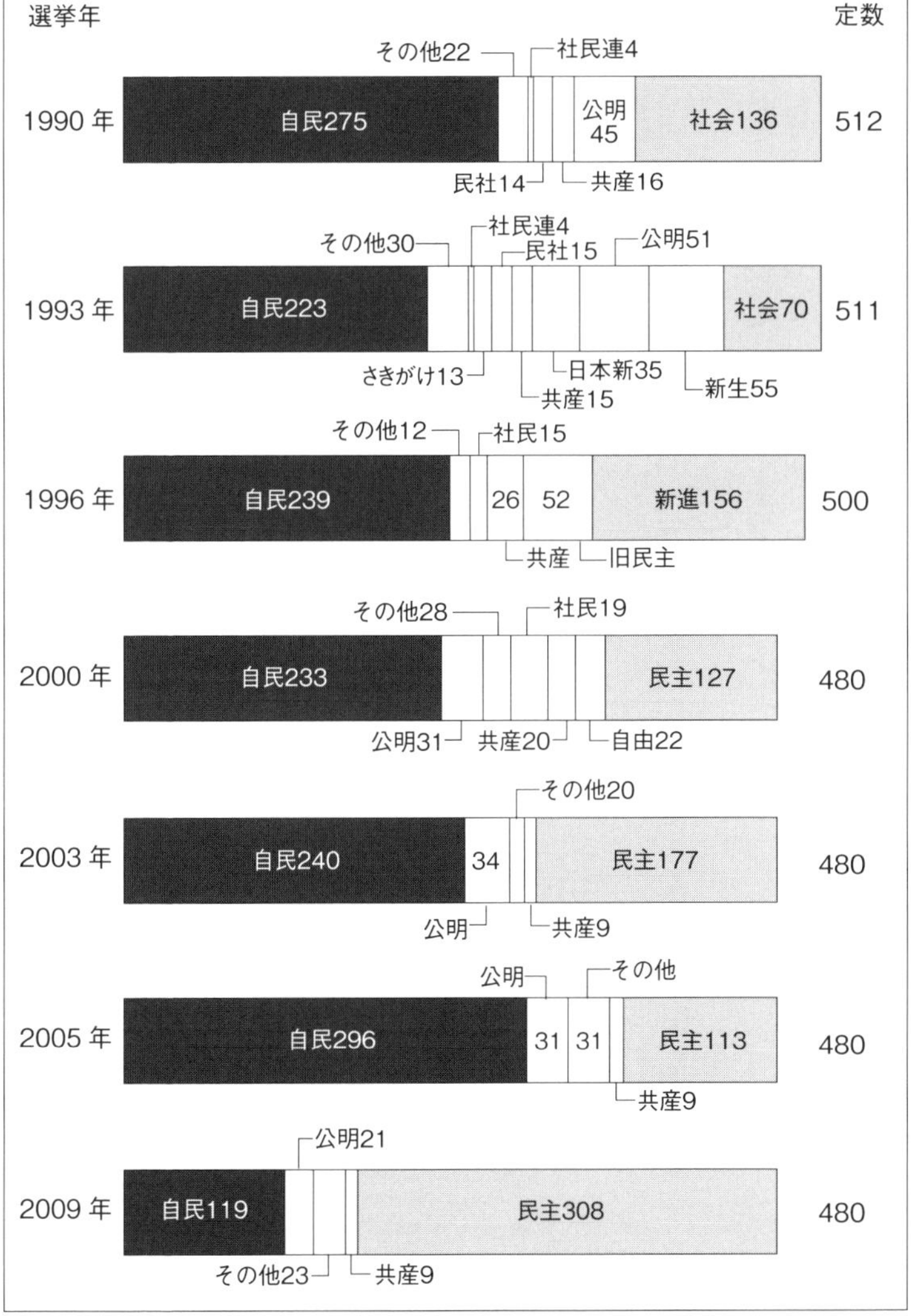

衆議院選挙結果（1990～2009年）

第2章

「令和の政治」に望まれること

第1節　「令和の政治」とは何か

「ネオ55年体制」論の狙い

第1章では平成の日本政治を野党側から振り返り「「保守2大政党」を求める流れのなかで、リベラルはしぶとく生き抜いてきたし、むしろ国政の中で力をためつつある」という趣旨で書いてきました。しかし、残念ながら世間では、むしろその逆を行くような論考の方が圧倒的に多い状況です。

最近、個人的にとても引っかかっている言葉があります。「ネオ55年体制」というものです。つまり「新しい55年体制の到来」。現在の日本の政界を「再び万年与党と万年野党の時代が始まった」と分析しているわけです。

立憲民主党が2021年衆院選で公示前議席を割り込んだ直後に、境家史郎・東京大学教授（政治学）が朝日新聞に、この言葉を使ったコメントを寄せていました。

「2大政党がしのぎを削る状態に進んでいるのではなく、「ネオ55年体制」と呼ぶべき政治状況が続いている」「小泉政権期の「改革疲れ」と民主党政権の挫折によって、改革競争は政治の焦点から外れ」「代わりに浮上したのは、防衛政策や憲法改正といったイデオロギー的争点」「この対立軸上で自民党と社会党が対峙したのが55年体制期で、その意味からも、日本政治は「改革の時代」を経て、「ネオ55年体制」とも言うべき局面に入ったと言えると思います」

確かに選挙結果、特に「政党の議席数の比較」だけを見ていると、現在の日本の政治が「このように見える」ことを、全く理解しないわけでもありません。しかし、第1章でも述べましたが、例えば直近の2021年衆院選でさえ「自民圧勝、立憲惨敗、維新躍進」との評価に、かなりのゆがみがあることが分かります。

にもかかわらず「ネオ55年体制」といった言説が急に台頭していることに、私は強い違和感を覚えます。そこには「古い政治への郷愁」「新しい政治への諦め」といった響きを、強く感じざるを得ないからです。

「ネオ55年体制」という言葉自体に、何らかの政治的意図があるとは考えません。しかし、自民党やそれに近い勢力が「ネオ55年体制」という言葉をイメージする時には、そこに一種の希望的観測が入っているでしょう。「再び55年体制のような政治に戻りたい。野党は自民党の永久政権のもと、政府に適度に反対して存在感を出す程度にとどまっていてくれればいい」というわけです。野党やその支持勢力のごく一部のなかにさえ、同様の考えが巣くっているかもしれません。「政権を取るなんて無謀なことは考えず、ただ与党を批判してこぶしを振り上げている方が楽ではないのか」と。

一方、非自民の立場から「政権交代可能な政治」を求めてきた勢力から見れば、この言葉はある種の「敗北宣言」なのかもしれません。「もう政権交代は起こらない。我々の戦いは無駄だった。政治改革前の旧態依然とした政治に戻るのだ」と、日本の政治にさじを投げた言葉だと受け止めているとも考えられます。

どちらの考えにくみする気にもなれません。「政権交代可能な政治に疲れた」という安直な嘆きが、そのまま「民主主義に疲れた」にまで行き着くことが、とても恐ろしい。

そんなに簡単に疲れ果ててしまうほど、私たちは民主主義を「使い倒して」きたと言えるのでしょうか。疲れ果てるにはまだ早いのではないでしょうか。

55年体制が生まれてから、まだ70年も経っていません。その間に「万年与党」の自民党が政権から転落したのは、1993年（細川政権）と2009年（鳩山政権）のたった2回だけです。自民党は結局、ごくわずかな期間で政権を奪還しましたし、前者に至っては選挙を行うことすらなく、永田町の政治ゲームで政権を取り戻しました（1994年の村山政権発足）。

たったその程度のことで「政権交代可能な政治」に疲れてもらっては困るのです。

「昭和」と「平成」の政治に欠けていたもの

元号で時代を区切るのは趣味ではありませんが、ここでもう一度、55年体制確立以降の日本の政治のありようを、元号ごとに三つに分けて考えてみたいと思います。

まず「昭和の政治」です。これは言うまでもなく、自民党と社会党による「万年与党と万年野党の戦い」でした。世界を見渡せば東西の冷戦構造があり、国内は高度経済成長期で国民の不満も少なかった時代でした。こうした国内外の状況のなかで、「万年与党と万年野党」の構図は、妙に安定していました。

社会党が衆院選で、定数の過半数の候補者を擁立しようとしなかったため、衆院選は政権選択の意味を全く持たず、常に自民党政権が続くことが前提となっていました。国政選挙で問われるのは「時の自民党政権を信任するか否か」だけ。仮に選挙で自民党の議席が大きく減り、首相が退陣することがあっても、その後は自民党内で総裁選が行われ、選ばれた新総裁が首相になって終わりです。自民党員以外の国民は「政権をつくる」ことには全く関与できませんでした。

野党の側から見れば、自分たちが政権与党になる可能性がないので、選挙では必然的に「自民党が進める良くない政策に反対していればいい」ということになります。「憲法改正反対」「増税反対」という具合です。たまに「〇〇を実現!」という公約があっても、それは「野党として自民党政権を突き上げて、やってもらいます」ということに過ぎません。「自らの手で実現します！」ではなく「自民党にやらせます！」でしかなかったのです。

そんな、良くも悪くも「安定した」政治状況の中に、突如として「平成の政治」が劇的に生まれました。第1章でも詳しくみてきましたが、簡単に振り返ります。

「平成の政治」とは「2大政党が政権をかけて戦う政治」を求める動きです。

その扉を開いたのは、事実上昭和最後の年となった1988（昭和63）年に発覚したリクルート事件でした。自民党の「政治とカネ」をめぐるスキャンダルが頻発するなか、国民の怒りが爆発したのです。

腐敗した政治をただすため「政治改革」の必要性が叫ばれましたが、やがてその論点は、なぜか「腐敗防止」から「選挙制度改革」へと移っていきました。小選挙区制を導入して、2大政党が政権を争う「政権交代可能な政治」をつくろう、という動きが起きたのです。

くどいくらい繰り返しますが、小選挙区制度の導入で変革を強いられたのは、自民党ではなく野党の方でした。選挙区で1人しか当選しない選挙制度のもとでは、中小の野党がバラバラに戦えば、自民党には絶対に勝てない。野党が一つの「大きな塊」になる、つまり合併によって大きな一つの政党となり、自民党と1対1で戦う構図をつくるしかない。少なくとも当時はそう叫ばれていました。

政治改革は本来「自民党の腐敗」をきっかけに始まったはずです。それなのに、当の自民党ではなく、野党ばかりが自己改革を求められ続けたのです。

つくづくおかしな話でしたが、結果として2009年、当時の民主党が自民党から政権を奪うことに成功しました。民主党が政権運営に行き詰まると、今度は2012年、自民党が民主党から政権を奪い返し、今日に至ります。

「平成の政治」は、「昭和の政治」では実現できなかった「選挙による政権交代」を、2回実現させることに成功しました。「万年与党と万年野党の戦い」を脱却し「2大政党が選挙で政権をかけて戦う」政治へと、大きく変貌を遂げたのです。実際に政権交代を実現した点で、「平成の政治」は間違いなく「昭和の政治」からアップデートしたと見るべきでしょう。

ただ「平成の政治」は課題も残しました。

野党は自民党に対峙できる政党として「まとまる」ことを強く求められ続けました。実際にいくつもの再編劇を繰り返した末、新進党、民主党といった「大きな塊」としての野党第1党が誕生しました。

しかし、規模を重視して「まとまる」ことが自己目的化し過ぎたために、どんな社会や政治を目指すのかが全く異なる政治家が一つの党に集まってしまい、党として目指す政治のありようや社会像が見えにくくなったのです。「平成の政治」で長く野党第1党を務めた民主党が「寄り合い所帯」「党内バラバラ」と批判され続けたのは、こうした事情があります。

「対立軸の構築」と「政権交代の可能性」の両立を

当時の天皇陛下（現在の上皇さま）が、自らの退位の意向を強くにじませた「お気持ち」を表明し、日本じゅうを驚かせたのは2016年のこと。「平成の終わり」がまさかの形でおぼろげに見えてきたその翌年、2017年に、あの「希望の党騒動」が起こりました。

念のためですが、希望の党騒動について、私は決して評価はしていません。あれが野党全体の体力をどれだけ削いでしまったのか、という残念な思いは、確かにあります。ただ、結果論ですが、あの騒動は良くも悪くも、当時の野党の置かれた状況を大きく動かし、「ポスト平成」すなわち「令和の政治」に道を開く契機になったとも考えています。

希望の党騒動は「寄り合い所帯」だった野党を、いったん粉々に解体しました。この直後に行われた衆院選で、改革保守系の希望の党ではなく、同党に「排除」されたリベラル系議員らで構成する立憲民主党が野党第1党となりました。選挙前には「リベラル大虐殺か」などと言われていたのに、1カ月足らずで野党第1党ですから、本当に劇的な展開だったと言えます。

改革保守でなくリベラル系の立憲民主党が、永田町の離合集散ではなく、選挙という民意を経て野党を代表する立場になったこと。同党が掲げた「支え合いの政治」の必要性、つまり「新自由主義的な自己責任社会の限界」が、その後訪れたコロナ禍で可視化されたこと。後に同党が他党の議員を迎え入れて党勢拡大を図る際に「平成の政治」でみられたような政党間の合従連衡、即ち「足して2で割る」形を取らなかったこと。国民民主党の大半の議員などとの合流によって「新・立憲民主党」となった際も、党名や代表者を維持し、旧立憲民主党の結党当時の主体性を一定程度守ることに成功したこと。

おかげで、と言っては何ですが、現在の立憲民主党には、かつての民主党、民進党にみられたような「寄り合い所帯」感が、かなり消えています。「目指す社会像」が明らかに自民党と異なり、さらに所属議員の方向性がほぼ一致している（長く民主党を取材してきた身からすると、これは本当に驚かされます）政党が、まだまだ規模は小さいとは言え、野党第1党として「政権選択選挙」を戦える最低限の規模を確保できたのです。

これが「令和の政治」に求められることだと思います。

「昭和の政治」は「対立軸はあったが、政権交代の可能性がなかった」政治であり、「平成の政治」は「政権交代の可能性はあったが、対立軸が不明確だった」政治です。「令和の政治」は両者の「いいとこ取り」を目指すべきです。つまり「「対立軸が明確な」2大政党が「選挙で政権を争う」政治」です。そして、第1章でも見た通り、現在の政治状況は、歩みはもどかしいほど遅いとは言え、確実にその方向に向かっていると思います。最近の過剰なまでの「立憲下げ、維新上げ」の動きは、こうした流れを強烈に押しとどめようとする、一種のバックラッシュ（反動）なのではないでしょうか。

「対立軸の構築」と「政権の受け皿になれる政党づくり」。これまでこの二つは、同時に求めるのは不可能であるかのように喧伝されてきました。「政権の受け皿になれる政党は保守政党でなければいけない」といったプロパガンダです。だから「伝統的な保守と改革保守の2大政党が政権を争う」という構図が、無理やり推し進められてきたのです。

そんなことは決してありません。現在の評価はさまざまかもしれませんが、少なくとも日本に比べれば、米国の共和党と民主党、英国の保守党と労働党も、曲がりなりにもこうした形を作り上げていて、その構図は一定程度安定しています。日本の論調の方が明らかにおかしいのです。

「平成の政治」が振りまいてきたプロパガンダから、私たちはそろそろ解き放たれてもいいのではないでしょうか。

第2節　「令和の政治」二つの対立軸

「自己責任社会」か「支え合いの社会」か

「令和の政治」は「「対立軸が明確な」2大政党が「選挙で政権を争う」政治」だと述べてきました。では、その対立軸とは何なのでしょう。私は「政策的なこと」「政治的なこと」の両方において、それぞれ対立軸があると考えます。

まず「政策的なこと」ですが、これはここまでもたびたび指摘してきたように「国民に自己責任を求める新自由主義的な社会」vs「お互いさまに支え合う民主リベラル的な社会」であると考えます。

第1章で述べたように、この構図が最も分かりやすい形で描かれたのが、2020年秋の臨時国会冒頭でした。自民党は安倍晋三首相の突然の辞任を受け、菅義偉首相が就任しました。対する野党側では、立憲民主党が国民民主党や社民党などから多くの議員を迎え入れ「新・立憲民主党」が結党されました。この二つがほぼ同時に起きたのです。

菅義偉氏という政治家は、現在の自民党の主要政治家の中でも特に、新自由主義的傾向が強い政治家とみられていいます。一方、枝野氏は新自由主義からの脱却を明確に掲げ「お互いさまに助け合う」社会の構築を訴えていました。端的に言えば「勝ち組の総取り」を容認する自民党に対し「再分配で富も負担も分かち合う」立憲民主党、と言うこともできそうです。立憲民主党が「金融所得課税の強化」など富裕層増税の方針を打ち出したのも、党の「目指す社会像」に基づいたものです。

就任間もない（枝野氏は再任に近い形ですが）2人はともに、2020年秋の臨時国会を迎えました。まず10月26日、菅首相が衆院本会議で所信表明演説を行いました。

「私が目指す社会像は「自助、共助、公助、そして絆」です。自分でできることは、まず、自分でやってみる。そして、家族、地域で互いに助け合う。その上で、政府がセーフティーネットでお守りをする。そうした、国民から信頼される政府を目指します。そのため、行政の縦割り、既得権益、そして、悪しき前例主義を打破し、規制改革を全力で進めます。国民のために働く内閣として改革を実現し、新しい時代をつくり上げてまいります」

菅氏が目指した社会は、国民が可能な限り政府に頼らず、自己責任で生きることを求める社会でした。政府の財政支援は「頑張っている人」により多くの支援を行い、成長を促す。一方で社会保障などは「本当に困っている人」へ最小限にとどめる。そんな社会です。

実際に菅首相は、政権として直面した新型コロナウイルス感染症被害への対応においても、営業自粛要請で苦しむ飲食店への支援の規模を小さく見積もろうとしました。できるだけ公的支援を頼らないように、自己責任での対応を求めたのです。

2日後の10月28日。今度は枝野氏が、所信表明演説への代表質問に立ちました。

「立憲民主党は、一人一人の命と暮らしを守るために、目先の効率性だけにとらわれず、人を幸せにする経済を目指します。新自由主義に代わる新しい選択肢として、政治が責任を持って支え合いの役割を果たす共生社会の実現を目指します」

「自己責任論が強まるなか、追い込まれても公的な支援を受けることに強い抵抗感を抱き、頼ることをためらう風潮が広がっています。（中略）ことさら「自助」を口にする総理に、声を上げようにも上げられない（国民の）実態が見えているのでしょうか」

枝野氏が試みたのは、菅首相の「頑張った人がより報われる」社会像に対して「もう一つの社会像」をぶつけることでした。「自己責任」と国民を突き放すのではなく、政治や行政が責任を持って、運悪く困難な状況に陥った国民の痛みを分かち合い「お互いさまに支え合う」共生社会。そんな社会を目指す考えを示したのです。

それは菅首相への質問というより「枝野氏の所信表明演説」の様相を呈していました。実際、当時の報道にも、そんな表現がみられました。

自民党と立憲民主党。2大政党の対立は、単に「規模の大きな二つの政党が並び立ち政権を争う」ことを超え、両党の「目指すべき社会像」に、明確な対立軸が生まれたことを示していました。二つの演説はそれを可視化したものでした。

この2人がそのまま、与野党のリーダーとして来たるべき衆院選を迎えていれば、それは明確な「社会像の選択肢」を掲げて国民に信を問う、事実上初めての選挙になるはずでした。どちらの社会像を目指すかは、国民が選挙で選び取るのです。

ようやくそんな選挙を経験できる。私はそんな期待に心を弾ませていました。それだけに、自民党がその後の選挙に連敗し、菅氏が衆院選を目前にして、引きずり下ろされるような形で首相の座を辞してしまったこと、そして後任の岸田文雄首相が、選挙戦術だったのか知りませんが、政策を立憲民主党側に大きく寄せたように「見せかけて」与野党の対立軸をぼかしてしまったことを、非常に残念に思っています。野党に期待する識者の一部からさえ、岸田政権の「政策転換もどき」を歓迎するかのような声が上がったのは、本当に悲しいことでした。

メディアはこういうことを「岸田政権の戦術的な勝利」のように語って持ち上げたり、むしろ「抱きつかれた」立憲民主党の方を「岸田政権との違いを出せず苦慮」などと言って冷笑したりしますが、そもそも自民党が、党内の「疑似政権交代」で基本政策を大きく変えて（それがほぼ見かけ倒しだったことは、すでに明らかですが）、国民が選挙で選び取る選択肢を奪う姿勢を批判する声は、ほとんど見られません。これはおかしいのではないでしょうか。こういう政治を変えるために導入されたのが小選挙区制だったことを、私たちは思い出すべきです。

「権威主義」的か「個人主義」的か

「自己責任の社会」vs「支え合いの社会」というのは政策的な対立軸と言えますが、もう一つ、割と重要な対立軸に「権威主義的」vs「個人主義的」というのがあると考えています。政策というより「政治的な」対立軸、例えば「権力行使のありよう」に関する対立軸とも言えます。

野党第1党・立憲民主党が結党したきっかけをさかのぼれば、おそらく旧立憲の結党よりさらに2年前、2015年の安全保障基本法成立にたどり着くと思います。集団的自衛権の行使をめぐり、憲法解釈を閣議決定のみで変更したことへの国民の怒りが、後に協力して党を立ち上げることになる枝野幸男、福山哲郎両氏の国会での演説によって束ねられた、あの場面がおそらく、立憲民主党結党の原点であったでしょう。

テーマが「たまたま」安全保障問題であったために「昔の保守vs革新の構図が復活した」とみる向きもあるかもしれませんが（前述した「ネオ55年体制」という言葉が生まれたことにも影響していると考えられます）、あの場で本当に求められていた論点は、安全保障という政策論だけではありませんでした。むしろ「政治権力の行使は憲法によって制約を受けるもの」という立憲主義の本質が失われている、ということの方が、より重要な論点だったのではないか、と考えます。

この問題に限ったことではなく、2012年に政権に復帰してからの自民党の歴代政権は、とにかく権力の使い方が雑に過ぎます。「選挙に勝った者は何をしてもいい」と言わんばかりの傍若無人な権力行使のありようは、特に2020年の新型コロナウイルス感染症への対応で、はっきりと目に見えるようになりました。

例えば、感染初期の20年2月に安倍首相が突然発した、全国の小中高校の一斉休校や大規模イベントの自粛要請。多くの国民に多大な影響を及ぼしたこれらの指示は、法律による根拠が何もないまま行われました。政治権力を持った者は「緊急時の対応」という大義名分があれば、いくらでも権力を振りかざしていい、と言わんばかりでした。

一方で安倍首相は（後任の菅義偉首相も）、緊急時に国民の生命と暮らしを守るため、法律で強権を使うことを許されている「緊急事態宣言」の発令には、非常に消極的でした。実際に発令した後も「国民への外出自粛要請」など極めて限られたことにしか使わず、「臨時の医療機関をつくるために施設や土地を収用する」といったことには尻込みしていました。表向きは「人権の観点から」などと言っていたようですが、要するに、政府が法的根拠のある強権発動を行った場合、そのことによって被害を受けた国民への補償が必要になる可能性を考え、消極的になったのではないかと、私は考えています。

法律に縛られない強権発動は好んでやる一方で、いったん法律に縛られると、国民のために必要な「強権」（あえて言います）をまともに使おうとしない。それが、第2次安倍政権以降3

代の自民党政権の特徴です。このあたりのことは、拙著『安倍晋三と菅直人　非常事態のリーダーシップ』（集英社新書）に詳しく書いているので、ご興味のある方はそちらも読んでみてください。

非常時だけではありません。例えば、予算編成の時に巨額の予備費を積んで、予算の使い道を国会がチェックすることを困難にして、権力の好きなように予算を使うことも、この間たびたび批判されてきました。このことも「外部の監視を受けずに権力を行使する」という点で、同じ次元で考えることができるのではないでしょうか。

さまざまな施策についての考え方もそうです。自民党政権は、最近の国民に向けた施策はすべからく「権力が国民に対して行う「施し」」であるかのように振る舞っています。

最近話題になった施策に、自民党の「教育・人材力強化調査会」が「子どもをもうけたら両親の奨学金を減免する」ことを求める提言をまとめた、というものがありました。若い世代が奨学金の返済に苦しんでいるのは出産とは関係ないのに、子どもの数を増やすという、自分たちの進める施策に従う者だけに「施しを与える」かのような態度に、正直あ然としたものです。

最近では「従う者だけに施しを与える」を通り過ぎて「従わない者には罰を与える」姿勢さえ感じ取れます。

最も分かりやすいのは、菅義偉政権が新型コロナウイルス対策を強化する感染症法改正案について、感染者が入院を拒否した場合に「1年以下の懲役または100万円以下の罰金を科す」との条文を設けようとしたことでしょう。野党などの批判を受けて削除されましたが、感染拡大を全く抑えられない政権の責任を棚に上げて、国民の側に責任を転嫁し、よりによって刑事罰まで与えようとする姿勢には、強い批判の声が上がりました。

岸田政権における「マイナンバー保険証」問題などにも、同様の姿勢が感じられます。マイナンバーカードを保険証と一体化する必要性を、百歩譲ってぎりぎり理解したとしても、そのためになぜ、現状特に問題が生じていない現行の保険証を、たった1年という短期間で性急に廃止しようとするのか。対応を誤れば、さまざまな理由でカードを作れなかった国民が保険証を失い、医療へのアクセスに大きな悪影響を及ぼしかねません。

マイナンバーカードの普及促進に向けて、政権はポイントの付与など国民にさまざまな「アメ」を与えてきました。しかし、それが不十分だったと見るや、突然逆上して態度を変え「カードを作らなければ保険証を取り上げるぞ!」と、全国民に「ムチ」を振るいに来たようにしか見えません。

「自分たちが望む政策をうまく進められない」事態になると、彼らは自分たちの能力不足を反省するのではなく「政策に従わない国民のせい」にしてしまうのです。

自公政権によるこのような「国民を上から押さえつける権威主義的な政治」に対し、立憲民主党など野党陣営は「国民一人一人を個人として尊重する個人主義的な政治」を掲げてほしいと思います。「人権重視の政治」と言い換えた方が、より分かりやすいでしょうか。

政策の内容という点では、選択的夫婦別姓の導入や同性婚の実現、LGBT「差別解消」法の制定など、個人の多様な生き方を尊重する施策の実現が挙げられます。施策の進め方という点では、例えばコロナ禍における各種給付金について「世帯単位ではなく個人単位で給付する」ことなどがあります。かつての民主党政権時代の基本政策だった「子ども手当」「農業者個別所得補償制度」などにもみられましたが、中間団体を経由せず、それぞれの国民を直接支援する、というスタイルです。

これに加えて立憲民主党には、政党自体のあり方についても「個人を大切にする」ことを重視し、自公政権とは異なる政治文化をつくってほしいと思います。例えば、各種選挙の候補者として、女性や若い世代、さまざまな課題で当事者性を持つ人を多く発掘して国政や地方政治の現場に送り出し、彼らを全面的に支えることや、党運営を民主化、透明化し、党員らにより開かれたものにすること、党組織の中で人権侵害が起きないようにすることなどです。

最近、立憲民主党の一部の地方組織などで、ハラスメントの問題や、候補者選定の不透明さなどが指摘されているのは残念なことです。政党も一つの社会。党のありようが、自らが訴える「目指す社会像」と乖離していては、有権者の信頼は得られないことを肝に銘じてほしいものです。第1章で紹介したさきがけの武村代表の言葉、すなわち「政党の体質や政治手法が（政党）選択の大きな要素となる」ということを、ぜひ思い起こしてもらいたいです。

第3節　「提案すべきこと」を誤るな

「批判ばかり」批判、本当の狙い

ここまで「令和の政治」について「対立軸が明確な2大政党が、選挙で政権を争う政治」だと指摘してきました。しかし政界では今、意図的にこの構図を作らせまいとするかのような言説があふれかえっています。

前述した「ネオ55年体制」もその一つかもしれませんが、最もポピュラーなものは「野党は批判ばかり」でしょう。特に2021年衆院選で、立憲民主党が公示前議席を下回った時に各方面から浴びせられた「批判ばかりの野党」という批判は相当なものでした。まさに「立憲には批判ばかり」状態です。

本書を手にしていただくような多くの読者の皆さんなら、よく理解してくださっていると思いますが、これは誤りです。野党が長い歴史のなかで、議員立法で多くの政策を提案してきたことは、周知の事実です。最近では2022年、旧統一教会の「2世信者」の方々の救済問題について、野党が議員立法で提出した被害者救済法案が岸田政権の背中を押し、成立にこぎつけました。野党の存在がなければ、法律は成立するどころか、政府案が国会に提案されることさえなかったでしょう。

野党の法案が日の目を見ることはごくまれで、実際は与党の手によって多くの法案が国会で審議すらされず、たなざらしにされてきたことも、よく知られているはずです。

にもかかわらず、なぜにここまで「野党は批判ばかり」批判がわき起こるのか。理由は三つあると思います。

第一の理由は、政権与党の自民党が「自分たちが批判や監視をされたくない」がために、批判する勢力の勢いを削ごうとして、世論をそのように誘導したい、ということです。

2012年の政権復帰以降の自民党は、こういう姿勢をむき出しにしていました。日本銀行とか内閣法制局とか、政府（内閣）からの独立性が一定程度担保されている組織を、人事などを通じて自分たちの下部組織であるかのように扱おうとしました。

政府組織とは違いますが、政権監視が本来の目的であるメディアへの介入も図りました。2023年初頭から大きな関心を呼んだ、放送法の「政治的公平」の解釈をめぐる議論で示されたことは、それを端的に表した例だと言えましょう。

つまり、第2次安倍政権以降の歴代自民党政権は、政権の思い通りにならなかったり、牙をむいたりしかねない存在から、その牙を抜いてきたのです。私はこれを、これらの組織から「野党性を失わせる行為」と表現しています。

しかし、国会における野党とは、野党「性」などではなく、名前からして正真正銘の野党です。その存在意義はまさに、政権の監視と批判です。だから、他の組織のように「牙を抜く」のは容易ではありません。野党から野党性を抜いたら、それこそ何ものでもなくなってしまいますからね。

だから彼らは、政権に近い識者や論客を（それこそメディアも）使って、大々的な「批判ばかり＝悪」イメージを世論に印象づけ、外野から野党の牙を抜こうとしているのだと思います。

第二の理由は、野党が「批判ばかりしている」と強調することで「政権担当能力がない」と印象づけたい、ということです。「野党は批判ばかりなので政権を任せられない」という印象を植え付けることで、事実上「政権選択選挙」の意味を失わせ、彼らを「万年野党」の位置に押し込めておこうとしているのです。

第1章で見てきたように、小選挙区制度を導入したことによって、世論の風向き次第で政権交代は以前より起きやすくなっています。だからこそ自民党は「絶対に政権交代が起こらない」状況を無理やりにでも作り出すことに躍起になっています。安倍元首相が「悪夢の民主党政権」と批判してきたのも、ある意味同じ趣旨のものと言えます。

政権を奪還して以降の自民党は、コロナ禍などの非常事態を機に、政権担当能力の劣化ぶりをさらけ出しました。少し冷静に考えれば「民主党政権の方がまだましだったのでは？」と思えることが、実は多々あります。そのことに国民が気づいてしまわないよう、彼らは余計に野党批判に血道を上げているのでしょう。

「提案型野党」の何が間違いか

以上の二つの理由が、野党を「万年野党」の位置に押し込める、つまり「昭和の政治」に押し戻すことが目的ならば、第三の理由は方向性がやや異なります。「政権批判はほどほどに、政権に建設的な提案を行える野党が良い野党」というふうに、国民の野党観を変えてしまいたい、ということです。「それこそが「政権担当能力のある政党」であり、2大政党の一翼たる野党第1党はそうでなければならない」と。

これはむしろ、野党を「平成の政治」の位置に押し込めようとする動きだと言えます。実際、小選挙区制が導入された平成の時代から、当時の野党第1党だった民主党には、何かにつけてこういう圧力がかかっていました。立憲民主党に対する「提案型野党であれ」という批判も、まさに同じ趣旨のものです。

はっきり言って根本的に間違っています。「提案型野党」という言葉自体に「だから批判を前面に出してはならない」という圧力が含まれているからです。

政権を目指そうと目指すまいと、野党は「批判も提案も」どちらも行うのが当たり前です。二者択一を迫る必要など全くありません。にもかかわらず、野党を批判したい勢力は、あえて「批判か提案かのどちらかを選べ」と迫ることによって、野党の役割をごく一部に限定させ、結果として弱体化させようとしています。こうした狙いを見抜けない野党は、結局衰退していきます。

「提案型野党」が間違いだ、というのは、「提案」それ自体が間違いということではありません。「提案型」を意識し過ぎて「批判」という野党固有の使命を忘れ、時の政権にとって居心地のいい国会を作ってしまうことにつながりかねないから、間違いだと言っているのです。

政権交代を起こすというのは、相当にエネルギーのいることです。現在のように政権与党が議会で「1強」の状態を確立してしまった状況であれば、なおさらです。野党が何よりもまず、時の政権与党の権力行使のありようや政策の方向性をしっかりと監視し、その誤りを追及して国民に広く知らしめ、共感を喚起することがなければ、国民は「政権を代える必要性について考え始める」という「はじめの一歩」にさえ到達しません。

「政権批判をせず、前向きに自らの政策を提案してさえいれば政権は取れる」というのは、決定的に考えが甘い。その方がよほど万年野党の発想だと思います。

政権とは「戦って勝ち取るもの」です。「まっとうな批判ができない政党に、まっとうな提案などできるわけがない」ことを、肝に銘じてもらいたいものです。

提案とは「政府案の修正」ではない

問題はそれだけではありません。そもそも「提案型とは何を意味するのか」ということについて、大きな事実誤認があるということです。

野党を批判する勢力は「提案型野党」について、政府が提案する個別の法案に対して「対案や修正案を提示する野党」と考えています。例えば、政府が「税金を10％上げる」と言った時に「増税反対、撤回せよ」と言うのが、彼らが憎む「批判ばかり野党」であり、ここで「わが党は5％を提案する」というのが「提案型野党」というわけです。

野党批判勢力が「提案型野党」に期待しているのは「野党の提案の一部でも政府が取り入れたら、賛成に回ってもらう」ということです。政府が「野党の言うことも聞いて、10％はやめて8％上げにとどめる」と言ったら「われわれの提案を政府が一部取り入れてくれた。ありがたい。法案に賛成する」と、大喜びで言ってほしいのです。

「提案型」は一見聞こえはいいですが、それを言っている人は結局「政府にとって都合のいい野党」を作りたいだけ、ということを、決して忘れてはなりません。

もちろん、こういう形で与野党協議の末に法案が作られることを否定するつもりはありません。政治の基本は、異なる意見を持つ人々の間での合意形成です。日々の国会活動において

「政府案をより良い方向に修正する」ための活動は、日常的に存在すべきです。

しかし、それは国会における「ごく当たり前の日常活動」です。政権の選択肢となる野党第1党が行うべき「提案」とは、本来は全く次元の違うものであるべきではないでしょうか。

「提案型野党」という言葉は好きではありませんが、あえてこの言葉に乗っかるとするなら、小選挙区時代の野党第1党の「提案」とは、政権交代によって自らの政権を樹立した時に「自公政権とは違うどんな社会を目指しているのか」「その実現に向けて、各分野でどんな政策を用意しているのか」を、パッケージで見せることだと思います。

政権奪還以降の自民党政権は、2代目の菅義偉政権に特に強くみられたように、国民に「自助」を強く求める「自己責任の社会」を目指してきました。一方の立憲民主党はこれに対置するように「お互いさまに支え合う社会」を掲げ、さまざまな事情で頑張りきれない人々を、公の力で下支えすることを訴えてきました。

この「目指すべき社会像」、少しくだけた言い方をするなら「旗印」とでも言えば良いでしょうか。これをベースにおいて、社会保障や教育、経済政策や安全保障政策に至るまで、この旗印に沿っているかどうかを吟味した上で、一つ一つの政策を形づくってほしいのです。ある政策は「支え合いの社会」を目指して用意されているのに、別の政策が「自己責任の社会」を志向していたら、その政党が全体として何を目指しているのか分からなくなってしまいます。

政党において「目指すべき社会像」「旗印」を明確に指し示すものは、党の綱領です。どんな分野でどんな政策をつくる時も、まず「綱領に照らし合わせて、目指すべき社会像の方向性が誤っていないか」ということを、常に考えてもらいたいと思います。

こういうことは主に、国政選挙前の政権公約（マニフェスト）策定の際などに考えるべきことですが、同時に日常の国会活動における政府提出の法案の賛否や議員立法の策定、国会での質問などでも生かせる考え方だと思います。政党が立ち返るべきは綱領です。

第4節　「社会党」にも「民主党」にも戻らない

「野党の中核」としての立場を確立させる

ここまで「昭和の政治」「平成の政治」そして「令和の政治」と、日本の政治がどうアップデートされてきたかを示してきました。

世間では日本の政治が極度に劣化した、と歎く声があふれているし、実は同意できる点も多々ありますが、大きな流れで見れば、決してそんなことばかりではないと思います。まだ不十分とは言え「目指すべき社会像が異なる二つの政治勢力が、政権をかけて戦う」大きな構図は、確かに生まれ、確立しつつあります。

これを後戻りさせてはなりません。立憲民主党は、政権交代を前提としなかった「昭和の政治」の社会党にも、政権交代しても自民党と何が違うのか見えにくい「平成の政治」の民主党にも、どちらにも後戻りしてはいけないのです。

そのために何が必要か。3点指摘したいと思います。

第一に「野党間競争に完勝し「野党の中核」の立場を確立させる」ことです。野党が「弱い」とされているのは「政党の数が多いから」です。しかし、衆院で小選挙区制に比例代表制が並列されていること、選挙制度が異なり中小野党が生き残りやすい参院選や地方選挙が存在していることを考えれば、一定の中小野党は確実に存在し続けます。「平成の政治」の野党は、これらを無理に「一つの塊」にまとめようとして、党内にさまざまなあつれきを生みました。「令和の政治」では、複数の野党が政党は別のままでありながら「目指す社会像を共有できれば、各政党の個別政策の多少の違いは問わない」という「大きな構え」を作って戦うことを目指す方が、より戦いやすいのではないでしょうか。

これは選挙戦術上も有利な面があります。希望の党騒動があった2017年衆院選で、野党第1党の立憲民主党が獲得した比例代表の得票は約1108万票。立憲を下回り惨敗したとみられている希望の党も、実は968万票を獲得しています。あの選挙では無所属で戦った旧民進党系候補もいましたが、ともあれ旧民主党（民進党系）の2党の比例票の合計は、その1年半前の2016年参院選における民進党の比例票（1175万票）を大きく上回りました。

衆参両院の選挙の違いはあるとはいえ「主張を明確にした複数の政党が同じ目的で戦う」方が「政権交代だけを目的に集まり主張が不明確な一つの政党」より、有権者の支持を得やすい面はあるように思えます（あの選挙での立憲民主党と希望の党が「同じ目的で」戦ったとは言い難いものもありますが……)。

とは言え、この「大きな構え」を作るためには「中核となる政党がはっきりしている」ことが、死活的に重要です。希望の党騒動で旧民主系の野党がバラバラになった後は、立憲民主党や希望の党(のちに再編で国民民主党となりました)、無所属となった議員の会派など複数の勢力がどんぐりの背比べ状態となり、野党の「核」が見えづらい状況が続きました。こうなると野党内に求心力も生まれにくく、与党と戦う上でも望ましくないでしょう。

野党第1党が「図抜けた」状態をつくり、「誰が見ても野党の中核」「次の首相候補は野党第1党の党首」という見方で衆目が一致するよう、確固たる力をつける必要があります。

「党内の多様性」と「鮮明な社会像」の両立を

第二の点は「党内の所属議員の多様性を一定程度許容した上で、目指す社会像の姿はむしろ鮮明にさせる」ことです。

政党の規模が大きくなれば(というほど立憲民主党はまだ大きくありませんが)、当然ながら所属議員にもいろいろなタイプの人が加わり、政治スタンスにも若干の温度差が生じてきます。党が掲げた政治理念の「ど真ん中」を行くような議員もいれば「若干外れているのではないか」と思えるような議員も含まれたりします。

「ど真ん中」から外れてみえる議員、例えば立憲民主党ならやや保守色の強い議員などについて「党にいるべきではない」「自民党に行け」という批判が投げつけられるのを、ネットなどで見かけることがあります。いわゆる「純化路線」とでも言いましょうか。発言者の思いを全く理解しないわけではありませんが、あまり望ましいとは言えません。

小選挙区制はどうしても、国会議員を与野党の2大政治勢力のいずれかに収れんさせる力学が働きます。その時、二つの大きな政治勢力のそれぞれに、政治スタンスがほとんど同じような議員ばかりが集まっていたとしたら、それは政党として現実の社会からかなり遊離してしまい、ずいぶん息苦しい集団になってしまうのではないでしょうか。例えば、白い旗を掲げた政党Aと、青い旗を掲げた政党Bがあったとして、Aの旗のもとに真っ白な議員ばかり、Bの旗のもとに真っ青な議員ばかりが集まったとしたら、白と青の間にある多様な色の人々は、行き場をなくしてしまいます。

政権与党の自民党は、55年体制当時に比べるとずいぶん幅が狭くなりましたが、それでも歴史的に、政治理念や政策の幅が広い議員が集ってきました。政治権力という「接着剤」があるからとも言えますが、とにかく「○○でなければ自民党にいてはいけない」という声は、あまり聞かれません(最近は少し事情が違うかもしれませんが)。立憲民主党も、自民党に対峙して将来の政権を担おうという政党ならば、こういう自民党の特徴は参考にしても良いはずです。

有権者の価値観は多種多様です。所属議員の政治スタンスにも一定の幅がある方が、有権者に「懐の広い政党」という安心感を与え、幅広い支持を得ることにつながるでしょう。他の中小野党との将来の選挙協力や、連立政権をつくるための協議の際にも、野党第1党に一定の幅を持つ議員が存在していた方がやりやすい、という面もあります。

ただし、絶対に間違えてはいけないことがあります。

所属議員一人一人の政治スタンスには、ある程度の幅があってもいい。しかし、その政党が掲げる「目指すべき社会像」、すなわち「どんな社会づくりを目指すのか」という「旗印」については、きちんと共有できていなければならない。

ここは決定的に大切なことです。かつての民主党（民進党）は、これがあいまいだったため、党内対立に明け暮れ、最後は分裂という結果になりました。

民進党の分裂によって偶発的に誕生した立憲民主党ですが、党を立ち上げた枝野幸男代表は、この「民主党↓民進党の誤り」の正体を、よく理解していたと思います。だから立憲民主党は、結党の段階から、自民党の「自己責任の政治」に対し明確に異を唱え「お互いさまに支え合う社会」という「社会像の対立軸」を提示し、その後他党から仲間を迎えるにあたっても、この基本線を外さないように、慎重に党運営をしてきました。

自民党が築いてきた「自己責任論が渦巻く社会」から脱却し、公助や共助によって「支え合う社会」を目指すという「旗印」のもとに集う。そのために自ら積極的な役割を果たす。その意識さえ明確であれば、メンバーの政治スタンスに多少の幅があっても構わない。逆に、その

「旗印」を共有できないのなら、それは政党の選択を誤っている。

政党とその所属メンバーの関係とは、そういうものだと思います。

わずかな政治スタンスの違いや、一部の個別政策の賛否のみをあげつらって「離党せよ」「○○党へ行け」という態度を取るのは、政党の体力を大きく削ぐばかりでなく、同じようなスタンスの有権者の支持も失うことになります。支持基盤が細れば、当然ながら政権は遠ざかります。結果として、自らが望む社会の実現を遅らせてしまうことになるのではないでしょうか。

「安倍政権を参考にせよ」と言うと怒られてしまうかもしれませんが、安倍晋三元首相は自民党の中でもかなりの右派に位置しながら、政治スタンスが相当にかけ離れた公明党までを一つにまとめてきました。もちろん、それは政治権力という「接着剤」があってのことですが、党内の構図としては参考にできるものがあります。

「旗印」は所属議員全体の属性のど真ん中に立っている必要はありません。楕円の中心のように全体の中でやや偏った位置にあっても、問題はないのです。むしろ本当に重視すべきなのは、政権の選択肢である自民党が立てた旗との色の違い、立ち位置の違いです。

所属議員の政治スタンスに一定の多様性を認めつつ、党の「目指すべき社会像」は鮮明にする。それをしっかりと共有し、その実現に向け一枚岩で進む。これを両立させることが、小選挙区制のもとで政権を争う野党第1党にとって、決定的に大切なことなのです。

世論に合わせて「旗印」の位置をずらすな

最後に指摘したいのが「一度旗印を掲げたら、世論の風向きを見てブレたりしてはいけない」ということです。

旧民主党時代から、野党陣営には常に「保守層の支持を得るためにも、より保守政党化するべきだ」という圧力が、外野からかかり続けてきました。これもまた、野党を「平成の政治」の中に押し込めようとする動きです。

確かに、リベラル系の票だけをがっちり固めても、政権は決して取れないでしょう。無党派層はもちろん、中道や保守を自任する人たちからも一定の支持を得なければ、政権には手が届きません。

しかし「保守層の支持を得る」ことは「自らの旗印を保守側に寄せる」ということではありません。かなり多くの人が、ここを勘違いしています。

小泉政権の「聖域なき構造改革」、そして第2次安倍政権以降の、自己責任を重んずる新自由主義的な流れ。こうした「改革の影」で経済的、社会的に痛めつけられた国民が少なからず生じ、それは新型コロナウイルスの感染拡大によって、はっきりと可視化されました。

明らかに自民党政治が行き詰まっていることが目に見えているのに「野党が政権を取るため

に、自民党と近い場所に旗印を立てる」ことは、もう許されない時代になりました。自民党が目指してきた社会、あるいは維持したいと考えている社会とは明らかに違う社会像を積極的に打ち出さなければいけません。

仮に現時点でその社会像への国民の支持が薄かったとしても、そこを変えてしまったら、政党としての存在意義はありません。むしろ積極的に、自らの目指す社会像の方向に、国民の方を「振り向かせる」必要があるのです。

長年の惰性で自民党を支持している人たち。「どうせ政治は誰がやっても変わらない」という消極的な理由で「何となく自民」と考えている人たち。こういう人たちに「本当に「この道しかない」のか。もっと別の社会をつくることができるのではないか」ということを、難しくとも誠実に訴える。「自民党とは全く違う、目指すべき社会像の選択肢」を用意して、そちらの方が「もっと良い未来」なのだということを認めてもらう。

こういうことこそが、現在の立憲民主党に望まれていると思います。

だいたい「私は保守である」と考えている人の全てが、「保守政党」と呼ばれる自民党の目指す社会像や基本政策を本当に支持しているのか、実際のところ分かりません。「私は昔で言う革新勢力とは違うから」という漠然とした理由で、何となく自分を「保守」と呼び、選択肢の存在も知らずに、惰性で自民党を支持している人もいるかもしれません。各種世論調査で内閣支持率が一定の高さを保っているのに、その内閣が掲げる個々の政策への支持が低いことは、実際にたびたびみられる現象です。

有権者が実際に何を考え、何を求めているのか、その考えのひだに分け入ることをせず、単に漠然と「どうも保守層が多いようだから」と言って自らの立ち位置を保守に寄せるのは、本当に愚かなことです。

世論調査で同性婚を支持する声が多数派を占めていることにみられるように、実は社会の方が、政治よりも先に変化しています。にもかかわらず、政治と社会がしっかりと結びついていないから、社会が変化しているにもかかわらず、選挙では惰性で自民党に投票してしまう。

そういう人たちの思いに、野党が応えなければなりません。政治と社会を結びつけ「あなたの立ち位置は自民党とは違う」ことに気づいてもらわなければなりません。

立憲民主党は野党第1党として、一度打ち立てた「支え合いの社会を目指す」旗印をずらすべきではありません。その必要もありません。今立憲民主党に求められているのは「自分の立ち位置を変えて有権者に近づく」ことではなく「自分の信じるものを訴えて、有権者の立ち位置を変えていく」ことなのです。

日本維新の会をどう考えるか

さて、本書は小選挙区制導入後の野党第1党の歩みを取り上げているのですが、メディアでこのところ、現在野党第2党である日本維新の会が「立憲民主党を抜いて野党第1党になるのではないか」と喧伝されているので、ここで多少言及したいと思います。

2012年に結党され、政党の歴史としては立憲民主党よりも古い維新がここへ来て注目され始めたきっかけは、2021年衆院選で「議席4倍増」の躍進を果たしたことにあります。野党第1党の立憲民主党が議席を減らしたことから、メディアは俄然盛り上がって「立憲下げ、維新上げ」モードに入りました。その後の22年参院選、23年統一地方選でも、維新は順調に議席を伸ばし、立憲を追い上げているように報じられています。

第1章でも触れましたが、2021年衆院選の結果については、その評価にかなりのゆがみがあると考えています。立憲民主党は民主党が下野した後の野党第1党としては、衆院選で最大の議席を獲得しましたし、第2党の維新との議席差も、最も開きました。メディアはあえてこれらの点を無視し、維新にとって都合の良いデータを選び出して「躍進」を演出していますが、結果としてこうした「盛り上げ」が功を奏し、政党支持率は現在、多くの世論調査で維新が立憲を上回っている状況です。

ではメディアの言うように、維新は次の衆院選で、立憲を抜いて野党第1党になれるのか。現状ではなかなか厳しいのではないかとみています。ここ数回の選挙結果を見ても、維新は地元の大阪から関西圏に支持を拡大しつつありますが、それ以外の地域では広がりを欠きます。党の地方組織や支持団体といった「地力」の部分も未整備で、全国政党としての基盤ができたとは言いがたい状況です。この点ではまだ、立憲に若干のアドバンテージがあります。

野党第1党と第2党の交代は、与野党の政権交代以上に難しいものです。小選挙区制の導入後、与野党の政権交代は2度置きましたが、野党第1党と第2党の交代は、選挙によるものは1度もありません。そう考えると「維新の野党第1党」を短期間に求めるのは、簡単ではないと分かります。

にもかかわらず、メディアが一気に「維新上げ」に流れるのは、第1章で見てきたように「野党第1党は改革保守政党であるべき」という「平成の政治」の空気が、今なお根強いということなのでしょう。野党第1党が交代しないまでも、立憲と維新が選挙協力して野党の「大きな塊」となり、野党陣営全体が改革保守色を強めることを望む声もあります。

という現状を踏まえた上で私の考えを述べると、私は現状での維新の野党第1党化は望みませんし、立憲と維新の選挙協力もすべきでない（そもそも無理）と思っています。リベラル系の立憲民主党が野党の中核として、自民党中心の政権との対立軸を構築すべきだと考えます。

こう書くと維新やその支持者の皆さんはご不満かもしれませんが、私がこのように考えるのは「現在の政権政党は自民党である」という前提があるからだ、ということを強調したいと思います。

自民党はもう、かつてのような「キャッチ・オール・パーティー」（包括政党）ではありません。野党に転じていた2010年に自らのアイデンティティーを見直し、党の綱領を改正しています。

自民党は、当時注目されていた民主党政権の「子ども手当」への批判を念頭に「他人に頼らず自立を誇りとする国民の自立心を損なう社会主義的な政策は採らない」とし、あるべき社会像と政府の役割を「努力するものが報われ、努力する機会と能力に恵まれぬものを皆で支える社会。その条件整備に力を注ぐ政府」と定義づけました。

新しい綱領のなかで自民党は「自助、共助、公助、そして絆」の菅義偉政権で示された、新自由主義的な自己責任社会を求める姿勢を、党として明確に打ち出しています。野党だった時代、当時の民主党政権に対し「目指す社会像」の選択肢として、自ら明確に選び取ったものです。だから、岸田政権が今さら「新しい資本主義」などと立憲民主党みたいなことを言って「自民党内の疑似政権交代」を演出しても、現にそんな政策転換は全くできていませんし、仮に成功すれば党の綱領違反です。

このような自民党の基本的スタンスは、維新のそれと親和性が高いのです。維新は綱領で「自立する個人、自立する地域、自立する国家」を掲げており、「既得権益と戦う成長戦略」の項では規制の撤廃や産業構造の転換、労働市場の流動化を、「小さな行政機構」の項では「政府の過剰な関与を見直し、自助、共助、公助の範囲と役割を明確にする」「公助がもたらす既得権を排除し、政府は真の弱者支援に徹する」ことをうたっています。明確な「小さな政府」路線ですし、実際に維新は大阪において、そういう政治を行ってきました。

だから、維新が野党第1党となり「自民vs維新の保守2大政党制」となれば、そこには「目指すべき社会像」の選択肢は、ほとんどなくなってしまいます。つまり、1994年の「自社さ村山政権vs小沢新進党」レベルまで、時代が戻ってしまうのと同じです（むしろ「自社さvs新進党」の方が、自社さ政権側にリベラル色があった分、まだ若干でも社会像の選択肢はあったと言えるかもしれません）。

「平成の政治」以降、日本の政治を語る多くの論者がこの構図を求めているのかもしれませんが、もうこのモデルは古い。私はあくまで異を唱えたいと思います。

政権与党が自民党である以上、野党第1党は「支え合いの社会」を掲げる立憲民主党であるべきなのです。そうでなければ国民に「社会像の選択肢」を提示できないからです。

政権与党が代われば、この状況も当然ながら変わります。今は現実味に乏しいかもしれませんが、もしも将来、立憲民主党が自民党に勝って政権与党となれば、その時こそ野党は「自己責任の社会」を旗印に掲げ、立憲との「社会像の選択肢」となる必要があります。

野党に転じている自民と維新が協力し、立憲民主党から政権を奪う。政権奪還のあかつきには、自民と維新で連立政権を組んで「自己責任の社会」を目指す。そして、野党に転じた立憲は、改めて「支え合いの社会」を掲げて再び政権に挑む……。

こういう政治状況が一定のスパンで繰り返されるのが、本来の「政権選択選挙」であり「政権交代可能な2大政党制」であるべきではないでしょうか。

そんなことを書いていたら、折も折、日本維新の会の馬場伸幸代表が2023年7月のネット番組で「第1自民党、第2自民党でいいんです。第1、第2自民党の改革合戦が政治を良くする」と発言し、政界に波紋を広げました。代表自ら、維新のことを「第2自民党」と呼んだのです。その後、馬場氏は別の場所で、衆院選で自民、公明両党が過半数割れを起こした場合、維新が連立政権に入る可能性さえ排除しない考えを示しました。

一連の馬場氏の発言は批判的に受け止められているようですが、よくよく考えてみれば「2大政党が「目指す社会像」の選択肢を掲げて戦う」という点では、むしろその方が自然だとも言えます。

次の衆院選では自民、公明両党と維新が一つの政党ブロックを作って「自己責任社会」の旗を掲げ、対する立憲民主党などの野党陣営が「支え合いの社会」の旗を掲げて対峙する。こういう構図の方が「目指す社会像の選択肢」は、ずっと明確になるはずです。

もうお分かりだと思いますが、立憲と維新の選挙協力など、はなからあり得ません。

現在、目指す社会像の対立軸は、立憲と維新の間にあると言っていいでしょう。この2党が仮に、外野の「野党まとまれ」論に押されて選挙協力をして自民党に勝ったとして、その後両党が連立政権を組むことはできません。仮に組んでも、30年前の細川政権のように、即座に瓦解することは目に見えています。

「非自民であればどの政党と組んでも良い」のは、あくまで国会の中でだけ。連立政権を組むことを意識して陣形を組む選挙協力の場合、「目指す社会像」を共有できない政党同士は、そもそも協力できるはずがありません。

「それでは選挙の構図が（自民・立憲・維新の）三つどもえの戦いとなってしまい、小選挙区制では常に自民党が有利になってしまうではないか」。そんな声も聞こえてきそうですが、仕方がありません。立憲と維新は、野党の中核政党の立場を争う「準決勝」と、自民党と戦う「決勝」を、同時に戦う覚悟を持ち、乗り越えるしかないのです。個人的には、野党内の「保守vsリベラル」の争いには、そろそろ決着をつけてほしいですが……。

第3章

「目指すべき社会像」の構築に向けて

第1節 「憲法・原発・消費税」とどう向き合う

「昭和の政治」からの「伝統的対立軸」

「令和の政治」の野党第1党のあり方として「対立軸の構築」と「政権交代の可能性」の両立をはかる必要性を訴えてきました。しかし、こうしたイメージは、長いこと定着しないまま、今日に至っています。その理由は何だろう、と考えると「憲法・原発・消費税」の3大テーマに行き着くように思います。「昭和の政治」の55年体制時代に、野党側、いわゆる「革新陣営」が最も強く主張していたのが「憲法改正反対（護憲）」と「反原発」（当時は「脱原発」という言い方もあまりなかった）、そして「消費税反対」でした。このイメージが未だに強く残っているのです。

いきなりとても古い話に戻ってしまいますが、少し振り返ってみます。

55年体制当時は東西冷戦の時代でした。与党・自民党の保守陣営と、野党・社会党などの革新陣営を分けていた対立軸は「自由主義か社会主義か」の体制選択だった、と一般的には言われています。

ただ、私が物心ついた1970年代前半くらいには、この対立軸はリアリティをほぼ失っていたように思います。ソ連の崩壊までにはまだ20年近い年月を必要としていましたが、日本が社会主義や共産主義の国になるイメージは、この頃にはすでに現実的ではありませんでした。

代わって保革両陣営の対立軸として比較的有効に機能していた政策が「憲法・原発・消費税」だったと思います。

「憲法」が対立軸として機能したのは、ある意味当然とも言えました。対立軸の一方である自民党が、憲法改正を党是として結党されたからです。

自民党の結党は、先に左右の社会党が統一されて日本社会党が結党されたことに対抗して、当時の保守勢力が「冷戦構造の中で日本が東側陣営化するのを食い止める」ために保守合同（日本自由党と日本民主党の合流）して結党した、と一般的には語られています。しかし、民主党から政権を奪還した後の、ここ10年ほどの自民党を見ていると、どうもそれだけでもなかったのだな、という気がします。

太平洋戦争の敗戦を経て現行の日本国憲法が施行された時、憲法が求めた新しい社会、例えば主権が国民にあるとか、人は誰もが個人として尊重されるとか、こうした「新しい社会像」になじめなかった旧権力構造の残党が、それまでの大日本帝国憲法の時代への郷愁を抱いたのか、ある種のバックラッシュを起こして自民党を結党した。単に「昔から特権を持つおじさんだけがいい思いをできる、古き良き日本を取り戻したかった」という、実に仕様もない理由から結党されたのが自民党であり、その結党以来の「本音」が今なお、党内に染みついているとしか思えません。

いずれにしても、2大政党の一方である自民党が改憲を党是に掲げた以上、社会党など野党サイドが護憲の側に立つのも、当然と言えば当然だったと言えるでしょう。

そして、改憲勢力が真っ先に改正を目指したのが9条、つまり現行憲法の「平和主義」だったことを思えば、広島・長崎への原爆投下の衝撃が強く残るなかで「反核」そして「反原発」の機運が、野党陣営に強く立ち現れるのも当然と言えました。

少し生い立ちが異なるのが消費税です。

消費税については、自民党の結党当時から議論はあったものの、本格的に政治課題になったのは1970年代後半からでしょう。高度経済成長時代が終わり、2度の石油危機にも見舞われ国の財政が危機に瀕した時、当時の大平正芳首相が「一般消費税」の導入を閣議決定した（1979年）あたりから「消費税」が政治課題になっていったように思います。

消費税（売上税）はその後、自民党政権が導入を試みては選挙で敗北するなど紆余曲折を重ねた末、竹下政権当時の1989（平成元）年に税率3%で導入されました。しかし、竹下登首相は間もなく辞任。3カ月後の参院選で自民党が惨敗し、竹下氏の後任の宇野宗佑首相は、あっさり退陣に追い込まれました。一方の野党・社会党は参院で与野党逆転を果たす躍進を果たし、土井たか子委員長は「山が動いた」という、あまりにも有名な言葉を残しました。

劇的な選挙結果を生んだ背景には、消費税のみならずリクルート事件をはじめとする自民党のスキャンダルなど、複数の要因がありましたが、消費税はこの後、自民党にとっては「打ち出せば政権を失いかねないトラウマ」と化し、逆に野党にとっては強い「成功体験」として印象づけられることになりました。

「憲法・原発・消費税」の3大テーマは、55年体制が終わり、小選挙区制のもとで「政権を争う2大政党」が模索された平成の30年の間も、野党陣営の「旗印」として一定程度機能してきたのです。

そこに「目指す社会像」はあるのか？

少し語弊があるかもしれませんが、この3大テーマが野党陣営の「旗印」として「機能しすぎた」ことが、結果として2大政党がそれぞれの「目指す社会像」を掲げて戦う「政権選択選挙」の完成を遅らせたのではないか、という思いがぬぐえません。

憲法も原発も消費税も重要な政治テーマですが、それぞれが独立した、個別の政策課題です。そして、その三つを貫く「目指す社会像」が、よく分かりません。「憲法改正反対」「原発反対」「消費税反対」を3点セットで主張した時、それは「自民党と違うどんな社会像を目指している」ことになるのか、それが見えてこないのです。

少なくとも「この「3点セット」を実現して社会主義の世の中を目指そう」ということではなかったわけです。社会主義国家も原発は持っていたのですから。

「目指す社会像」に裏打ちされていない、個別政策に寄りかかりすぎた旗印は、政党の政治行動において、若干の危険を伴います。うっかりしていると「憲法さえ変えなければ、自民党政権のままでいい」「消費税の税率を上げないなら、自民党政権のままでもいい」ということが成り立ってしまう可能性があるからです。2021年に岸田政権が発足した時、「リベラルそうに見える」ことに野党支持層の一部が安堵してしまったのも、そういうことだったのかもしれません。そうなると、面倒な政権運営は常に「万年与党」の自民党にやってもらって、自分たちは「万年野党」として、個別の政策の実現（または実現阻止）さえ気持ちよく主張していればいい、ということにつながる恐れがあります。

55年体制という「昭和の政治」の時代なら、それで良かったのかもしれません（私自身は当時から、全然良いとは思っていませんでしたが）。しかし、小選挙区制度が導入され「2大政党が政権を争う」ことが目標とされた「平成の政治」以降の時代に、そういう政治のありようはどこか違うのではないか。そんな思いが長い間ぬぐえませんでした。

くどいようですが、私は憲法も原発も消費税も、個別の政策テーマとしては非常に重要なものだと思っています。しかし、第2章で述べたような「目指す社会像（旗印）をまず見定めて、個別の政策がそれに沿っているかどうかを慎重に吟味する」作業を経ることなく、一つ一つの政策が島のように「浮いている」のは、望ましいとは思えません。

ついでに言うと、これらの政策がすべて「反対」という言葉と密接に結びついていることも、やや考えものだなと思います。

政権交代を前提とせず、野党はただ「反対」だけでよかった「昭和の政治」とは、今は違います。自ら政権をとって、その目指す政治を自らの手で実現しようという時に、その自らの目指す政治や社会について「反」とか「非」とかいうネガティブな言葉で表現することは、少し考え直した方がいいと思うのです。

「さっきは「野党は批判しろ」と言っていたのに矛盾するではないか」と思った方もおいでかもしれません。誤解しないでいただきたいのは、これら三つの政策テーマについて「野党は反対するな」と言っているのではない、ということです。私が言いたいのは、前述したような「野党として時の政権を監視し、批判する」時の言葉遣いと「次の政権政党」として「これまでとは違う、その先の未来をうたう」時の言葉遣いには、おのずと違いがあって当然なのではないか、ということです。

では、この「憲法・原発・消費税」について「令和の政治」の野党はどう臨んだらいいのでしょうか。以下に簡単に私見を述べたいと思います。

第2節　憲法論議の「戦い方」を変える

改憲の現実味が増したとは言えない

どうやら「憲法改正」とは、政治的スタンスのいかんを問わず、政治に関心を持つ人たちの間では心を騒がせるテーマのようです。現在の状況で言えば「改憲勢力が（衆参両院で）3分の2を占めた、さあ憲法改正が現実味を帯びてきた」というところなのでしょうか。

それで気持ちが沸き立つ人も、危機感を抱き怯える人もいるでしょうが、率直なところ、私自身はこの問題でそんなふうに浮き足立つ気持ちにはなれません。憲法改正の現実味を、ほとんど感じられないからです。その後の国民投票の存在が、あまりにも考慮されていないのではないでしょうか。

なるほど、憲法改正については各種世論調査で「賛成が多数」であることが、声高に叫ばれています。こうした調査結果をもって「日本の右傾化」が叫ばれたりもします。

でも、この1問をもって「改憲が近づいた」などと騒ぎ立てる人は、状況を見誤っているのではないでしょうか。質問の方向性を変えて「現政権に望む政策の優先順位」を問えば、憲法改正は軒並み下位につけているのも、また事実です。

そして「自分たちの代表」を選ぶ国政選挙や地方選挙と「特定の政策課題」について態度表明する住民投票（憲法改正の国民投票は、後者に近い性格を持つと言えます）は、投票への態度もかなり異なる傾向があります。分かりやすい例が、大阪市で行われたいわゆる「大阪都構想」（大阪市を廃止して特別区に分割する）をめぐる2度の住民投票です。

大阪は言うまでもなく、日本維新の会（おおさか維新の会）が大阪府と大阪市の両方の首長を押さえ、府議会や市議会の構成も維新の議員が圧倒的多数を占める「維新王国」。メディアまでこぞって「維新推し」という土地柄です。そんな大阪で、維新の政策の「一丁目一番地」とも言えた大阪都構想をめぐる住民投票が、２０１５年と２０２０年の2度行われましたが、結果は2度とも僅差で否決されました。

憲法改正の国民投票が全く同じ展開をたどる、と断言するつもりはありません。でも「可能性の高さ」を測る上で、大阪都構想の住民投票は参考になるのではないでしょうか。

改憲論議は政治の「やってる感」演出に過ぎない

憲法改正とは「実現への時間も手間もお金（国民の税金です！）もかかり、その成否も見通せない。それでいて国民がその恩恵を実感できない」という「超コスパの悪い」政治課題です。政治家として憲法を「勉強しておく」、あるいは「頭の体操をする」必要性はあるとしても、これを喫緊の課題と位置づけるなど、とうてい考えられないはずです。そんな時間があったら、子育て支援や雇用問題、年金問題や物価高対策などなど、国民が「いま」直面している政治課題に取り組む方がはるかに有意義だし、実際に選挙対策にもなるのではないでしょうか。

にもかかわらず改憲を「急げ、急げ」と言う政治家は、要は自分自身が、ほかに政治が「急ぐべき」テーマを見つけられないのでしょう。だから、何か「やってる感」を演出したいがために、憲法改正という「大きな課題」を叫んで自分を大きく見せようとしているだけなのです。有り体に言えば能力不足なのだと思います。

2020年以降に世界を襲った新型コロナウイルス感染症の問題を思い起こしてみてください。コロナ禍に最初に直面したのは自民党の安倍政権でしたが、彼らはあの時、コロナ禍のような非常事態に対応するためには「憲法を改正して緊急事態条項を設けなければならない」と言い出しました。

緊急事態条項の危険性についてはいったん脇に置くことにして、1万歩くらい譲って「緊急事態条項をつくるため憲法改正が必要」だとしましょう。いったい、それを作るのにどれだけの時間とお金が必要になるのか、彼らは考えたことがあるのでしょうか。コロナ禍という緊急事態の中で「今急いでなすべきこと」を忘れてそんな政治課題に余計な労力を費やすうちに、多くの国民がコロナに感染して亡くなったり、コロナ禍の影響で商売が成り立たず路頭に迷ったりと、塗炭の苦しみを味わうことになるでしょう。

もちろん安倍政権も、そんな浮ついたことばかり言っていたわけではありませんでした。憲法を変えることなく（当然ですね）、現行の法律に基づいてコロナ対応のための「緊急事態宣言」を発令したのです。外出自粛要請や飲食店などへの営業自粛要請などを覚えている方も多いでしょう。

第2章でも少し触れましたが、実はあの緊急事態宣言は、政府が「非常事態に限り」かなりの強権発動をすることを認めていました。病院が不足していたのなら、政府が強制的に建物や土地を収用して、いわゆる「野戦病院」を設営することも可能でした。相当な私権制限を求めることになりますが、現在の法律は非常事態において、かなりの強い権限を政府に与えているのです。

コロナ禍からもう少しさかのぼって、2011年の東日本大震災と東京電力福島第1原発事故を思い出してみましょう。原発が非常に危険な状態となり、近隣住民の生命や健康が脅かされる事態となった時、当時の民主党政権（菅直人政権）は、原発の近隣に住む多くの住民に避難指示を出し、住み慣れた家から強制的に避難させました。事故から12年が経過した今も、ふるさとに戻れない方々が大勢いらっしゃいます。

住民の生命を守るためとはいえ、これもまた相当な強権発動でした。しかし、これらの一連の指示も、すべて法律に書かれた首相の権限に基づいたものでした。

もし緊急事態が発生して国民の生命や生活が脅かされても、政府は今ある法律を徹底的に使い倒せば、迅速に国民を守るため、相当に強い権限を手にすることができます（あくまで非常事態である限りにおいて、です）。手間ひまをかけて憲法を改正する必要は、全くありません。それなのに「憲法に規定がないから何もできない」と主張している政治家は、まず政治家として不勉強だし、もっと言えば「今そこにある危機」に迅速に対応して国民の生命と暮らしを守りきる意思も能力もない人だ、ということになります。はなから何もやる気がないのです。

こういう人たちが、政治が何かを「やってる感」を演出する。ただそれだけのために国の最高法規が玩ばれているというのが、現在の政治状況です。

「変えるか変えないか」の議論に意味はない

「何を目指して、どんな目的で変えるのか」が全くないまま、ただ「変えることだけが自己目的化した改憲の議論」を進めることには、何の意味もありません。そんなものはしょせん

「オレはほかの誰もできなかった憲法改正を成し遂げた！」と言いたいだけの、政治家の自己満足でしかないのです。

　だから私は、現在の自民党政権が躍起になって進めている「ただ変えることだけが目的」の憲法改正論議など、まじめにお付き合いする必要はないと考えています。

　しかし、そうするとどうなるか。おそらくメディアはずっと「改憲への積極的な議論を進めようとする自民・公明・維新」に対し「抵抗する立憲」「議論を避ける立憲」というネガティブなレッテルを貼り続けるでしょう。多くの国民は実際に憲法が改正されることに慎重でも、憲法について「きちんと議論する」ことには肯定的な傾向があります。テーマが何であれ「議論から逃げている」印象を与えることは、一歩間違えば野党を「次の政権政党」というイメージから遠ざけてしまうことにもなりかねません。

　もちろん「今の憲法を変える必要はないことを、堂々と訴える！」という考え方もありだとは思います。しかしこの場合、残念ながら現状では「改憲勢力に攻め込まれ、ぎりぎり踏みとどまって抵抗している野党」という印象を与えかねません。「踏みとどまってくれている！」と野党を応援する人もいるでしょうが、その一方で、本来は野党に期待する層でありながら「あんな与党に踏み込まれて防戦一方。弱すぎる」と言って、失望してしまう人もいるのではないでしょうか（この「応援したいけど『弱いから』野党は嫌い」という層が、実は結構いるのではないかと私は思っています）。

こういう人たちにも振り向いてもらわなければ、野党が政権を獲得することはできません。政権を獲得し、自らが望む政治を実現するためには「強い野党」を求める人たちの期待にも、一定程度応える必要があります。

これから述べることは、異論のあるところかもしれません。しかし私は「踏みとどまる」だけでなく「反撃に出て」ほしいと考えます。

先ほど「何を目指して、どんな目的で変えるのか」と書きましたが、何も本当に変えることを目指すべきではないし、その必要もありません。それでも「私たちが目指す社会像とは」という点に立ち返り、改めて現行憲法を見直すことは、民主主義と立憲主義を守るための不断の努力の一つとして、当たり前にあって良い行動だと思います。

そして、その努力のうえに、あえて憲法論議の土俵に乗る。その土俵の上で、自らの目指す社会像を堂々と掲げ「むやみやたらに変えたがるだけ」の勢力を追い詰める。

逆説的に聞こえるかもしれませんが、こんな戦い方も、現行憲法を守るための一つのやり方ではないかと思うのです。

しっかりとした言葉を持って戦えば、それは「変えない」の1点を踏ん張って守ること以上に、強い説得力を持つ可能性があります。「変えることだけが目的」の自民党の薄っぺらな改憲論議を押し返す力になるのではないでしょうか。

「目指す社会像」を示すための憲法論議

ひとくちに「改憲論議」といっても、その性格は「平成の政治」の30年ほどの間に、大きく変化してきました。ひと言で言えば「論点の拡散」です。

長く焦点とされてきた「9条改正」は、今となってはシンボルとしてはともかく、実質的にはほとんど意味を持たなくなりました。自民党は「自衛隊の存在を憲法に明確に位置づける」と訴えていますが、自衛隊の存在はすでに国民の間に定着しており（そのことに関する憲法論の上での議論はあると思いますが）、例えば東日本大震災などの災害現場における彼らの活動は、国民に高く評価されています。急いで「憲法を変えなければ困る！」という切迫感があるとは、とても思えません。

「9条改正」だけでは、憲法改正の必要性やその切迫性を国民に十分に認識してもらうことは、もう難しくなっています。「変えても変えなくても私たちの生活が大して変わらないことに一生懸命になる前に、まずこの物価高を何とかしてほしい」と思っている多くの国民には「9条改正」はおそらく響かないでしょう。

そのことに対する改憲勢力の「焦り」が、近年改憲の論点となるテーマがどんどん拡散してきた理由なのではないか、と個人的には思っています。その結果、現在は「教育の充実」などのように、現行法の改正で十分に対応できることまで、改憲の項目にどんどん盛り込まれています。改憲項目に入れることによって、「教育の充実」を先送りしたいのではないか、とさえ思います。

面白いことに、憲法改正の論点（改憲の必要があるかないかにはかかわらず）が増えれば増えるほど「その改正によってどんな社会を目指しているのか」という考え方に、明確な差異がみられるようになりました。つまり「改憲の論点」の中に「目指すべき社会像の対立軸」が生まれてきたのです。改憲勢力が気づいているかは分かりませんが。

ここは少し戦い方を変えられないでしょうか。「私たちは憲法を変える必要はないと考える。そんな政治的なコストを負うより前に、やるべきことがたくさんある」という前提をしっかり示した上で、こう言ってやればいい。

「なるほど、現行憲法は確かに、今の時代に合わない点もあるかもしれない。いつか憲法を変える時が来たら、私たちはあなた方には決してできない、こんな改憲案を用意する」

そして「自民党が決してのむことができない改憲案」を突きつけるのです。

「首相の解散権制約」なら自民党が「改憲反対」

憲法の条文を精査すればいくつも論点が出てくるかと思いますが、少なくとも今、個人的に最も突きつけたい論点は「首相の解散権の制約」です。

現在の政治では衆院解散は「首相1人が自由に決めていい」状態になってしまっています。首相在職当時の安倍晋三氏が「国難突破解散」などと言って「身内」の自民党からさえ「大義があるのか分からない」という声が出るような解散を繰り返していたのは、記憶に新しいことでしょう。安倍氏は「野党の選挙準備が整わないうちに衆院を解散して勝ち、自らの政権基盤をさらに強固にする」という、極めて自分勝手な理由で解散を繰り返していたのです。

2023年の通常国会終盤でも、岸田文雄首相が記者会見の場などを利用して猛烈な「解散風」を吹かせながら、結局は何もせず、与党内からも「解散権をもてあそんでいる」との批判が出たのは、記憶に新しいところです。

識者やメディアも「政治ゲームの一環」と化した衆院解散を、当たり前のように受け止めてきました。「解散は首相の専権事項」とか、ひどいのになると「首相は解散についてだけはウソを言ってもいい」とか、政界では普通にそんな言葉が飛んでいます。

「国民の代表者たる衆院議員全員の首を切る」という強権を、首相がほぼフリーハンドで行使できる。三権分立の国の姿として正しいものとは、とても思えません。だいたい、三権分立とは言うけれど、国会は憲法で「国権の最高機関」とされているのです。

首相（正確に言えば「内閣」なのですが）による衆院解散は、憲法69条で定めた「内閣不信任決議案が可決された時」（内閣は総辞職と衆院解散のどちらかを選択する）によるもの以外は、一切認めない。現在、首相がフリーハンドで解散を行える根拠にされている「7条解散」（天皇が内閣の助言と承認により国事行為として行う）を不可能にするよう、7条の条文の一部を改正する。どうしても憲法を改正するというなら、この1点の改正のみを認め、それ以外の改正は一切認めない――。

そのくらい言ってもいいのではないか、と思います。ここは、第2章でも言及した「権力行使のありよう」に関する対立軸にかかわる部分です。

この対立軸に照らしてみれば、「首相の解散権制約」の対立軸となる自民党改憲案の項目は、「緊急事態条項の創設」だと言っていいでしょう。「首相の解散権制約」は、内閣が好き勝手に権力を行使することに、憲法で制限をかけようという考え方。「緊急事態条項の創設」は、内閣が「緊急事態」をダシにして、国会や司法による監視を受けずに好き勝手に権力行使ができるようにしようという考え方です。国の運営のありようとして真逆です。

憲法改正で緊急事態条項を作ることには熱心な自民党が「憲法改正で首相の解散権を制約しよう」と言われたら、途端に尻込みして「護憲派」に変貌する。改憲議論の場を通じてそんな姿を世論に見せつけ、自民党政治のありようを世間にさらす。

まあ多少、ハッタリをかましているところもありますが、要は「憲法を守るためにはこういう戦い方もあるのではないか」ということです。

首相の解散権制約については、もちろんこれまでも、国会の憲法審査会などで相当議論されてきました。ただ、自民党の憲法改正案に盛り込まれないことが明白であるため、議論は大した注目もされてきませんでした。「改憲案に盛り込まれることのない項目」で世論の関心をひくことは、なかなか難しいのが現実なのです。

あえて「改憲案とセット」という形で主張すれば「憲法を変えるか、変えないのか」という極めて雑な現在の議論に、一石を投じられる可能性があります。

まず、世論調査が変わるかもしれません。これまでは「憲法を変えるか、変えないのか」だけを聞いて「改憲派が多数」とあおる報道が続いてきましたが、これが「自民党の改憲案と対案のどちらが良いか」という問いに変わり、その結果「自民党の改憲案が良い」という声が必ずしも多数ではない、という状況が見えてくれば、発議に向けた政界の機運をしぼませることができるかもしれません。

「楽観論に過ぎる」というご批判は承知の上です。それでも、ただ「憲法が変えられてしまう、大変だ」と後ろ向きの危機感をあおるだけでなく（それが有効な支持者には、そう訴えれば良いと思いますが）、こちらから前に出て「仕掛ける」くらいの戦法もあっていいのではないでしょうか。

念のために強調しておきますが、私自身、現行の日本国憲法の比類なき価値を認め、高く評価しています。でも一方で、時々頭をかすめることがあるのです。

現行の日本国憲法のもとでも、第2次安倍政権以降この10年あまりの自民党政権における

「立憲主義を破壊しかねないような政治」を防ぐことはできなかった。憲法解釈を行政（内閣）だけで安易に変更しても、憲法の定めに従わず臨時国会の召集を無視しても、何一つとがめられることのない首相が誕生することを、現行憲法は止められなかった……。

現行憲法が人間を信じ過ぎている、つまり「性善説に立っている」ためなのかもしれません。ここまで政治が劣化することを、憲法制定当時には織り込めていなかった、ということなのかもしれません。また私たちも、憲法の平和主義を伝えることには熱心でも「立憲主義の大切さ」について伝えることが、少し不十分だったのかもしれません。

「だから今の憲法はだめだ」なんて、すぐに言うつもりはありません。しかし、そうやって現行憲法の求めた世界を踏みにじってきた現在の自民党政権が、なおも「改憲議論に乗れ」と言うのなら、堂々と議論の土俵に乗り、これまでの自民党の権力行使の振る舞いを一つ一つ検証し批判した上で、傍若無人な権力行使を徹底的に縛る、つまり現行憲法を上回る「立憲主義強化の必要性」を訴えるくらいのことをしても良いのではないかと思うのです。

思えばこういう項目は、ほかにもいくつかありそうです。

例えば「（衆参）いづれかの議院の総議員の4分の1以上の求めがあれば、内閣はその召集を決定しなければならない」と定めた憲法53条。ここに「○日以内に」と期限を加筆し、2度と国会召集を無視できないようにする。

あるいは「婚姻は両性の合意のみに基づいて成立」と書かれた憲法24条の「両性」の表現を

変えて、誰が見ても同性婚が可能であるように改正すると同時に（私自身は現行憲法の条文が同性婚を排除しているとは全く考えていませんが、どうしてもそこにこだわる人がいるなら「とことん明確にしてやる」という考え方もあるとは思います）民法などの現行法改正を「セットで」実施し、改憲と同時に即座に同性婚ができるようにする。

もし自民党が「24条改正を入れるから、9条改正と緊急事態条項を入れた改正案を一緒に作ろう」と言ってきたとしても（彼らはそう簡単に24条改正を入れることなどできないと思いますが）、それに乗る必要はありません。「目指す社会像」が異なる項目を混在させた改憲案など、全く必要ないのです。改憲案を作るなら、野党単独で用意すべきでしょう。

憲法改正ばかりがメディアの耳目を引くというなら、それを逆手にとって「自民党にはできない改憲」をぶち上げる。改憲の議論を「私たちの目指すまっとうな社会像」を世に問うために使う。そのことに理解と支持を得ることで、結果として改憲の機運自体をしぼませることにつながるなら、これは一石二鳥の戦い方と言えるのではないでしょうか。

第3節　原発政策は「社会像の選択肢」

「危険性を訴え続ける」ことは忘れてはいけない

反原発。昭和の時代には「脱原発」「原発ゼロ」という表現はほとんどなく、「反原発」と呼ぶのが普通だったように思います。先の戦争で広島と長崎に原爆を投下され、日本が世界で唯一の被爆国となった重い事実と、憲法改正を党是に掲げる自民党が結党し、その最大の標的が9条、すなわち平和主義であったこと。そのことが「憲法の平和主義を守れ」という主張と「反核」「反原発」を、より近いものにしたのではないでしょうか。

この時代、原発推進勢力は「核の平和利用」という言葉で原発の正当化を図ろうとしていました。かつて戦争という誤った形で使われた「核」という大きな力を、これからは平和のため、国民の暮らしを良くするために使うのだ、という考え方です。米国のアイゼンハワー大統領が1953（昭和28）年の国連総会で行った「平和のための原子力」という演説が有名です。

しかし、原爆であろうと原発であろうと、一度制御ができなくなれば人類に壊滅的な打撃をもたらすことは変わりません。米国のスリーマイル島原発事故（1979年）、ソ連（当時）のチェルノブイリ原発事故（1986年）と大きな事故が起きるたびに、原発の危険性への警鐘が鳴らされてきました。そして、あの2011年3月11日、私たちは東日本大震災と東京電力福島第1原発事故に直面することになったのです。

当時、民主党政権の首相として原発事故に対峙した菅直人氏は、のちに立憲民主党の最高顧問となり、官房長官だった枝野幸男氏は、同党を立ち上げ初代代表となりました。この2人のみならず、立憲民主党をはじめ野党サイドには、当時政権与党の側で「戦後最大の国難」と言われたこの危機に直面した人が、多く残っています。

原発は決して人間の手で完全に制御することはできない。事故対応の重い経験から、そのことをいやと言うほど思い知らされた政治家たちが率いる野党陣営が、間違っても原発推進を言えるわけがない、と私は思います。彼ら彼女らにとってこの問題は、もはや左右のイデオロギーの問題ではありません。「どんなことがあっても推進などできない」という、まさに体に染みついた実感だからです。

「自分たちが目指す社会像を表現するのに「反」とか「脱」とかネガティブな言葉は使わないほうがいい」と書きました。でも、原発は多少違うと思います。堂々と「原発に頼る社会なんか、もう2度と目指さない」と、強く表現してもいいのではないでしょうか。

「気候変動」「安全保障」だけが論点ではない

そう言っておきながらいきなり前言を翻すようですが、やはり原発についても、単に「反」や「脱」だけで問題を語るのは、少々もったいないと思います。なぜなら「原発に対してどう臨むか」は、まさに「目指す社会像」の選択肢を明確に描き出せる、最も分かりやすい政策テーマの一つだと考えるからです。

政治の現場において、原発をめぐる最近の議論は、おおむね「気候変動対策」と「安全保障」という論点で語られることが多いようです。

前者の場合、推進派は「原発は火力発電などと違い、CO_2を排出しないクリーンなエネルギーだ」と主張。反対派は「ひとたび事故を起こせば国土の広い範囲を人が住めないほどに汚染しかねない原発の、どこがクリーンなのか」と反論する、という構図です。

後者はロシアによるウクライナ侵攻（2022年）以降に目立ちはじめた論点です。推進派は「戦争など国際情勢が不安定になれば、火力発電に使う化石燃料の価格が高騰したり、輸入そのものが困難になったりする。エネルギーの安定供給のためにも原発が必要だ」と主張します。これに対し反対派は「いや、ロシアはウクライナの原発を攻撃した。日本の原発が攻撃されれば、エネルギーの供給が止まるどころか、国土は福島原発事故以上に壊滅的な打撃を受ける。原発はそこにあるだけで危険な存在だ」と反論するのです。
いずれも重要な論点です。しかし、ここでは少し違う観点から見てみたいと思います。

「一極集中型社会」か「多極分散型社会」か

原発とは、言わば「一極集中型」社会の象徴のような存在です。東京や大阪といった大都市から遠く離れた地方に、たくさんの原発を集中して立地させる。そこで、安い（現在はもう安いとは言えなくなっていますが）コストで大量に発電を行い、大規模な送電線を使って、電気の大消費地である都市部に電気を送り込む。そのほうが効率的だというわけです。電気の「生産地」である地方（東京電力管内なら福島県と新潟県）と「消費地」である都市部は、明確に分断されています。

こういう「一極集中型モデル」は、何も原発に限ったことではありません。同じ発電で言えば、例えば水力発電も、地方にある大きなダムで大規模に発電し、送電線で都市部まで電気を運んでいるわけです。原発もダムも構造は同じです。

少し探してみたら、このような事例はほかのジャンルでも、いくつも見つかるのではないでしょうか。例えば農業だって、生産地（地方）と消費地（都市部）を遠く引き離して分断し、飛行機やらトラックやらの運搬手段を使って長い距離を運んでいるわけです。

なるほど、こういうやり方が効率的だ、という考え方もあるでしょう。しかし、この「一極集中型」の弱点は、その「一極集中」している部分に何らかの事故やトラブルがあると、その影響が同時に広範囲に及んでしまうことです。

電力問題で言えば、実際にかなり分かりやすい例がありました。2018年に起きた北海道胆振東部地震です。当時北海道の電力需要の約半分を担っていた火力発電所が被災してしまい、その結果、道内のほぼ全域で、最長2日間にわたる大規模停電（ブラックアウト）が発生しました。大きなニュースになったので、覚えている方も多いでしょう。

道内では再発を防ぐために「運転を停止していた原発を再稼働させよ」という声もあったようです。こうした解決策が一方にあること自体、私は否定まではしません。

大切なのは「解決策は本当にそれだけなのか。本当にその道しかないのか」という問いを立てることです。例えば、太陽光発電（メガソーラーではなく）や小水力などの再生可能エネルギーによる中小規模の発電所が地域にたくさんあれば、その一部でも早期復旧することで、道内全域が真っ暗になるようなブラックアウトのリスクを避けることができるかもしれません。まさに「多極分散型」の発電方法です。

私がとても関心を持っている政策に「営農型太陽光発電」（ソーラーシェアリング）というものがあります。藤棚をつくるように田畑に支柱を立てて、細長い太陽光パネルを、一定の間隔をおいて設置します。田畑の上に太陽光パネルで「すき間のある屋根」をつくるイメージです。

パネルとパネルの間は細長いすき間が空いているので、太陽の光は下の農地までしっかりと届きます。こうして「1階で農業、2階で太陽光発電」を行うことによって、農家は本業である農業の収入と、発電した電気の売電収入を同時に得ることができる、という仕組みです。

もちろん課題はさまざまありますが（紙幅がないのでここでは控えます）、これはエネルギー問題以上に、農業問題の解決策としても大きな可能性を秘めている、と私は考えています。太陽光発電によって農家が安定的に所得を増やすことができれば、若い世代が安心して農業に取り組むことも可能になるかもしれません。雇用がないことを理由に地方から都市部に出てきていた人たちが、安心してふるさとに戻り、暮らせるようになるかもしれません。簡単ではありませんが、うまく行けば日本の人口自体を「東京一極集中」から「多極分散」に反転させるきっかけになる可能性があります。

「そんな簡単に行くものか」と冷笑する向きもあるかもしれません。でも、大事なことはこういう可能性を「想像すること」です。

自分はどんなふうに暮らしたいのか。どんな社会で生きたいのか。小さなことから一つ一つ考えていくうちに、だんだんと自分の「目指す社会像」が浮かんでくる。政治家の話すことが、自分の目指す社会像に近いのか、遠いのか、徐々に見えてくるようになる。

一人一人の有権者がそれを考え、意思表示をする場が、選挙だと思うのです。

とにかく原発問題というのは「安全か危険か」「経済的か否か」といった従来の議論だけで

なく、それを超えて「私たちはこれからどんな社会を目指したいのか」について、大きな選択肢を考える上での、とても重要な指標となり得るテーマなのではないでしょうか。

第4節　「消費税」で選挙を戦うのはもうやめよう

「野党の主導権争い」の材料にされてきた消費税

最後にお話ししたいのが「消費税」です。

30年にわたった平成の時代において、日本の政治を振り回し続けている消費税。これほどまでに日本の政界で、特定の政策がある種のシンボルとして扱われているさまは、もはや憲法問題以上なのではないでしょうか。特に、ここ10年ほどの野党陣営（支持者を含む）では、消費税に対する発言が賛否双方で先鋭化しています。

消費税は、55年体制の「昭和の政治」の頃は与野党の対立点でしたが、ここ10年ほどは様相が変わってきました。「与野党の対立点」から「野党内部の主導権争いの道具」と化し、外部からは「野党の分断を誘うおもちゃ」として扱われてきたのです。民主党政権だった2010年ごろ、菅直人氏や岡田克也氏ら政権の中枢を担ったオリジナルメンバーと、小沢一郎氏ら後から民主党に加わり、政権の外にいたメンバーとの間で、党分裂につながる激しい対立が生まれましたが、この時に小沢氏らが対立の「旗印」として使ったのが消費税だったことが、今も尾を引いているのかもしれません。

実際、メディアは国政選挙のたびに「消費税」に大きな焦点を当てたがりますし、その時には必ず「野党は消費増税に反対」（あるいは「減税訴え」）という前提に凝り固まります。野党の中に少しでも消費減税に慎重姿勢を示す声が出れば、メディアや識者などが「消費税で野党まとまれず」などと揶揄する。野党内の対立をあおり立て、あわよくば野党再編の火種にしようと目論む。そのくせ、仮に野党が消費税への反対（慎重）姿勢で結束すれば「現実的な政策を打ち出せない」「やっぱり野党は反対ばかり」とあざ笑う。

要は野党がどちらに転んでも、その逆の側に回ってこき下ろすのです。

「消費減税言ったのは間違い」枝野発言の波紋

2022年秋、消費税をめぐって考えさせられる「事件」がありました。立憲民主党の創始者の枝野幸男氏が、自ら代表として戦った前年の衆院選で「時限的な消費減税」に触れたことを「間違いだった」と発言し、ネット上で一種の「炎上」状態となった出来事です。

問題の発言は、枝野氏自身が運営するYou Tubeチャンネルの生配信番組で、視聴者から寄せられた財政規律に関する質問に答えるなかで飛び出しました。枝野氏は一定の財政規律の必要性を語りつつ「ただし消費増税には反対」「今絶対やってはいけない」と主張しました。そして返す刀で、衆院選で自らが述べた「時限的な消費減税」についても「政治的に間違いだった」と語ったのです。

消費税については増税も減税も主張しない、という枝野氏の発言は、その直後からなぜか「減税を言わない」ところだけが独り歩きし始めました。一部の野党支持者は「有権者への裏切り」と騒ぎ出しました。

笑ってしまったのは、直後に発表された産経新聞のコラムです。「枝野新党結成の憶測」と題したコラムは、枝野発言を「公約を覆す内容」と断じた上で「狙うは党内での主導権奪還か、新党結成か」とあおり立てました。

立憲民主党という政党が、枝野氏が多額の借金までして1人で立ち上げた政党であることを忘れたかのような内容には噴き出さざるを得ませんでしたが、つまり「消費税」は保守系メディアにとって、野党分断の材料として「おいしい」存在なのでしょう。

それはそうと、枝野氏はこの時、トータルで何を言いたかったのでしょうか。私なりにまとめると、おおむねこんな内容でした。

立憲民主党は自己責任を求める新自由主義的な社会ではなく、お互いさまに支え合う社会をつくることを求めてきた。それが自公政権との対立軸である。支え合う社会をつくるためには公的サービスの充実が求められ、そのためには財源が必要だ。
にもかかわらず「支え合いの社会」をうたう政党が安易に減税を言えば、「自己責任の社会」と「支え合いの社会」のどちらに向かっているのか分からなくなる。
「支え合いの社会」をつくるためには、まず法人税と所得税、金融所得課税によって、富裕層への増税を行うことで税収を得る。消費税については、現時点で増税にも減税にも言及しない。

ざっくりまとめると、こんな話であったように思います。

配信を生で聴いていた私は「なるほど、要するに持論に立ち返ったということだな」という印象を抱きました。

枝野氏は、問題の2021年衆院選の約半年前に発表した著書『枝野ビジョン』（文春新書）で、時限的消費減税にやや慎重な発言をしていました。あらかじめ「全て否定するものではない」と前置きしていましたが、一方で①コロナ禍で経済活動自体が減っている時に消費減税をしても、恩恵が届く業種は限られる②逆に「減税待ち」の買い控えが生じて「減税倒産」を生んでしまう恐れがある――などを挙げ、消費減税の効果に懐疑的な主張を展開していたのです。さらに、コロナ禍で困窮する低所得者を集中的に支援するには「減税より給付の方が望ましい」とも指摘していました。

「消費減税」は「目指す社会像」に合致していたのか？

多くの読者の皆さんを落胆させることを覚悟で書きますが、政界の対立軸を「自己責任の社会vs支え合いの社会」に置くなら、私は枝野氏の一連の発言は、至極当然の考え方だと思います。自助や共助に頼り切らず「お互いさまに支え合う」公助の役割を拡大し、再分配の機能を高めようという考え方に立つなら、税目をどうするかなどの具体論はともかく、一般的に「減税政策で売る」のは矛盾すると考えるからです。

しかし枝野氏は、2021年衆院選でその主張を弱めて「時限的消費減税」に言及することになりました。なぜなのでしょうか。

枝野氏が「〝弱い〟野党第1党の党首」だったからです。

第1章で書いたように、立憲民主党はその一つ前の2017年衆院選で当時の野党第1党・民進党が分裂したのを機に結党されました。野党第1党になったとは言え、獲得した議席数は戦後最小。中小の野党勢力が「多弱」でバラバラになっていました。

小選挙区制のもとで衆院選を戦う以上、野党第1党の党首は「次の首相候補」として自公政権に対峙し「政権選択選挙」を戦わなければなりません。しかし、小さな立憲民主党に、単独で政権の選択肢となる（それだけの候補者を全国で擁立できる）力はありません。かつての仲間だった国民民主党の議員の大半を事実上「迎え入れる」などして党勢を拡大したものの、まだ足りません。他の中小政党と選挙協力して、政権の選択肢としての「構え」を作ることが、強く求められていました。

選挙協力を行うには、どうしても共通政策のすり合わせが必要となります。他の中小野党が強く求める消費減税を、枝野氏は無視できませんでした。

衆院選を目前にした2021年9月、立憲民主党、共産党、社民党、れいわ新選組の4党は、衆院選での「共通政策」に合意しました。六つの項目の中に「格差と貧困を是正する」という項目があり、消費減税はその中に、地味に一言触れられているだけでした。それでも多くのメディアが、結局は「消費減税」を見出しにとったのです。

「消費減税を言わないのは野党ではない」。この刷り込みの強さを、私は改めて思い知らされました。そして、この衆院選で立憲民主党が最終盤で失速し、公示前議席を減らしてしまった原因の一つは、実はここにあったのではないかと私は考えています。

「有権者は減税を求めていなかった」と言いたいのではありません。「支え合いの社会」をうたう政党が、有権者の歓心を買おうとして減税を口にしたことの矛盾を、有権者は敏感に感じ取ったのだと思います。

国民民主党の大半の議員との合流（2020年）までは、立憲民主党は党の主体性を相当程度維持し「政党間の合従連衡ではない」党勢拡大に、かなり成功していました。しかしその先、つまり、他の野党と連携して「大きな構え」をつくるという最後の段階で、立憲は間違えてしまったのではないでしょうか。党の主体性が失われた、つまり「旗印」が揺らぐ結果を招いたのです。

他党との連携、すなわち「選挙区の候補者一本化」は、政権選択選挙に持ち込むためには死活的に重要なことです。当時の枝野氏に、ほかに取り得る選択肢がなかったことも理解できます。しかし立憲はこの時、枝野氏の言葉を借りるなら「許される妥協の幅を超えて（野党各党が）合従連衡していたと、多くの有権者に思われて」しまったように思われてなりません。

立憲民主党に「本気で政権を担う覚悟」があるのかどうかが疑われてしまった。そのことが、直前まで各種選挙に勝ち続け「押し気味」に戦っていた立憲民主党が、最後の最後で勝ちきれなかった理由の一つだったのではないでしょうか。少なくとも当時喧伝された「批判ばかりしていたから負けた」とか「共産党と選挙協力したから負けた」に比べれば、こちらの方がより本質的な「敗因」だったと思うのですが、いかがでしょうか。

同じ政策でも「理念」が違えば目指す社会像が変わる

一口に「消費減税」と言っても、それを唱える政治家や政党によって、その先に目指す社会像がまるで違う意味を持つこともあります。そこを見ることなく、単に「消費減税と言えば全て善である」、裏を返せば「減税を言わないのは全て悪である」という発想を、私はどうしても持つことができません。

野党陣営の一部からは、消費税の「逆進性」が問題にされます。消費税は、所得が多い人も少ない人も税金の負担割合が同じです。所得の低い人と高い人が同じ価格の品物、例えば食料品のような生活必需品を買えば、低所得の人の方が税負担は重くなる、というわけです。

一理ある話ではあります。消費税は品物の価格に上乗せされていることで「買い物のたびに財布から逃げていく」税金に見えるだけに、所得の低い人たちにはより切実に感じられるでしょう。こういった主張が一定の支持を集めるのは理解できます。

しかし、自民党の安倍晋三政権も、政権獲得前から決まっていた消費税率を10％に引き上げる日程を、2回も延期しました。安倍政権や後任の菅義偉政権と親和性が高く、新自由主義的な施策を掲げる日本維新の会も、消費減税を掲げています。

消費税に限りませんが、そもそも減税とは、ものすごくざっくり言えば「政府の税収を減らすこと」であり、つまりは「政府の役割を小さくする」ことです。税金を減らしてお金を国民の手元に残すから、教育でも社会保障でも、必要なサービスは国民が自分のお金で買うべきだ、という「自己責任を求める社会」との親和性が高い政策なのです。「支え合いの社会」を目指す政治と相性が良い政策だとは言えません。

だからこそ「所得に応じて税率を変える」など、徴収の工夫もされるわけですが、実は消費減税は、より多く消費する富裕層への減税効果がより高くなる面もあります。

消費減税は確かに、所得の低い人たちの財布からお金が出ていくのを若干押し留める効果はありますが、それ以上に莫大な消費をしている富裕層を、相当程度優遇することになるわけです。彼らの「お買いもの」によって得られる税収を、所得の低い人々に公的サービスとして還元することもできなくなります。時の政権の対応次第によっては、むしろ格差を拡大する可能性さえ否定できません。

だから維新が消費減税を言うのは、彼らが目指す社会像と照らし合わせれば、むしろ正しいのではないかと思います。

安倍政権以降の自民党政権や維新が目指してきた社会像は、まさにカジノ推進にみられるような「勝ち組が総取りする政治」と言っていいでしょう。同じように消費減税を主張していても、低所得者対策の観点を重視する共産、社民、れいわなどとは、目指す社会像は真逆と言ってもいいはずです。

「消費減税を言ってくれるなら、安倍政権や維新を支持してもいい」と、簡単に言えるでしょうか。「消費減税を目指すのは同じ」というだけで、彼らと連立を組むことを考えられるでしょうか。その政党や政治家の政治理念を深く知ることなく、ただ「消費減税」を主張していることだけを理由に支持した結果、知らないうちに自分が全く望まない社会を構築されてしまう恐れが、全くないと言えるでしょうか。

「消費減税」の1点にこだわりすぎると、こんな風に足元をすくわれる可能性があることを、心に留めておきたいと思います。

消費税への姿勢が違っても「共闘」はできる

「同じ消費減税を主張していても、目指す社会像が真逆のことがある」と書いてきましたが、今度は逆のことを指摘したいと思います。つまり「消費税への考え方が違っても、目指す社会像で一致することは可能だ」ということです。

忘れられない光景があります。２０２０年の東京都知事選です。

再選を目指す現職の小池百合子氏に対し、主要な対立候補として、元日本弁護士連合会会長の宇都宮健児氏と、れいわ新選組の山本太郎代表が出馬。立憲民主、共産、社民の3党は宇都宮氏の支援を決定しました（国民民主党は自主投票）。

共産党などが強く主張してきた「消費税率の5％への引き下げ」を掲げる山本氏の出馬は、国政野党に微妙な波紋を投げかけました。山本氏が共産党支持層の票を奪い、得票で宇都宮氏を上回れば、野党内の力関係にも変化が生じるのでは、という見方もありました。

しかし、共産党の小池晃書記局長は「こちらの政策を押しつけて「一致しなかったら共闘はやらない」という態度はとらない」「野党共闘にのぞむ私たちのこの立場は、今もいささかも変わりがありません」とツイートしました。かつて「増税反対」を掲げて民主党を分裂させ、山本氏と政党の共同代表を務めたこともある小沢一郎氏（この時は国民民主党）も、都知事選では山本氏ではなく、宇都宮氏の応援に回りました。

選挙戦が進むにつれ、民主党政権当時に消費増税を主導した野田佳彦元首相や岡田克也元副総理ら、消費減税に慎重な構えをとる議員が、次々と宇都宮氏の応援に駆けつけました。

消費減税にこだわりを持つ野党支持者の中には、首相時代に自民、公明両党との「3党合意」を結び、増税に道を開いた野田氏のことを、まるで「天敵」のように扱う向きもありました。そんな野田氏を街頭演説に誘ったのは、共産党の志位和夫委員長でした。野田氏は初め、自らの応援が逆効果になるのでは、と躊躇したそうですが、演説では「違和感を持って見ている人もいっぱいいいるんではないかと思います」と率直な気持ちを吐露しつつ「「右バッター」として最後まで宇都宮さんを応援する」と切々と訴え、聴衆の大きな拍手を浴びました。

2020年東京都知事選は、消費減税への積極派と慎重派の「共闘」が成立した選挙と言えます。選挙結果は宇都宮氏が84万票あまりを獲得し次点。山本氏は65万票あまりにとどまりました。

消費税へのスタンスが異なる人々が宇都宮陣営に集い、山本氏以上の得票を集めたのを見て、私は「消費税はようやく、野党共闘に大きな影響を及ぼすことはなくなった」と感じて安堵しました。民進党時代から積み重ねてきた国会での連携。国政選挙における協力。これらが野党の大きな財産として蓄積され、ついに消費税は「共闘のためには、一致できなくても脇に置いておける存在」になったのではないかと。もっとも、その見立てが甘かったことを、2021年衆院選で思い知らされることになるのですが……。

だからこそ言いたいと思います。「あの2020年東京都知事選を思い出そう」と。消費税というたった一つの個別政策に過剰にこだわるために、野党は一つにまとまれない。むしろ「まとまらない」理由として、消費税が使われる。消費税の存在によって、野党は対立ばかりに焦点が当たり、結果として「自民1強」に貢献してしまう。

こんな「古い政治」は終わらせましょう。

個別政策ではなく「目指す社会像」でまとまろう

消費税もそうですが、個別の政策課題を掲げて「賛成か反対か」「○か×か」を問うのは、万年与党と万年野党が戦う「昭和の政治」なら意味はあったでしょう。でも、与党と野党が次の政権をかけて戦う「政権選択選挙」では、こんな争点は意味をなしません。政権選択選挙で望まれるのは「○か×か」ではなく「あれか、これか」と選択肢を提示することです。

何度も繰り返してきましたが、与野党が政権選択選挙で戦うべき旗印は、スローガンや個々の政策ではありません。「目指す社会像」であるべきです。「自公政権が進めてきた自己責任の新自由主義的社会か、立憲民主党などの野党勢力が実現を目指す支え合いの社会か」ということです。

そして、その「目指す社会像」、すなわち「支え合いの社会」を実現させるという1点が共有されていれば、そこに向けた個別の政策が各党で多少異なっていても、それは大きな問題ではないはずです。ある政党が消費減税を掲げ、ある政党が給付付き税額控除（消費減税分の還付）を掲げたとしても、最終的に目指す社会像が同じであれば、個々の政策の違いは、政権を取った後の各党間協議などで十分に議論できるはずです。

むしろ「消費減税さえ実現すればいい」という思いが、いつしか「消費減税を言うなら安倍政権でも維新でもいい」に転じ、気づいたら「支え合いの社会」とは真逆の「自己責任社会」への後押しをしてしまう、そんな事態になることを危惧しています。

私は、野党の中に「消費減税を強く掲げる」政党が存在することを否定はしません。それを望む国民がいるからです。しかし「消費減税で一致できない政党とは、一切協力すべきでない」という狭量な態度を取るべきではありません。

「消費減税に反対なのか」と言われそうですが、そうではありません。「消費減税そのものに反対」なのではなく、あくまで「「消費減税」の1点を旗印に野党がまとまって選挙を戦うことに反対」なのです。

繰り返します。旗印にすべきなのは個別の政策ではありません。「目指す社会像」です。「自己責任社会からの脱却」「支え合いの社会の実現」という大目標を共有することの方が、消費減税という個別の政策課題で一致することよりも、よほど大切なことです。

経済の効率性ばかりを追い求め、国民に自己責任を求める一方で、いざという時に国民を守る責務も果たせない安倍政権以降の自民党政権を結束して倒し、自らの手で新たな政権を樹立する。その1点で「大きな理念」をすり合わせる。

今、野党が取り組むべきなのは、こういうことではないでしょうか。

★　★　★

憲法・原発・消費税。いずれも「昭和の政治」の時代から、野党陣営にとって決定的な政策テーマであり続けました。そのことを否定するつもりは全くありません。

しかし、野党に求められるものが「常に政権を批判する政党」から「次の政権を担うべき政党」、さらに「政権与党と異なる社会像を提示した上で、次の政権を担うべき政党」へと変わっていくなかで、それぞれのテーマへの政党としての向き合い方や国民への発信の仕方に、おのずと変化が生まれてきていると感じ、この章をまとめてみました。

野党第1党である立憲民主党には、国会議員同士だけの議論にとどまらず、広く地域に開かれた形で「私たちはこれから社会をどう変えていきたいのか」「そのためにどんな政策が必要なのか」と、未来を語り合う場を積極的に設けてほしいと思います。そして、すべての分野の個別政策を、自らの目指す社会像に照らして方向性が間違っていないか点検したうえで、トータルの政策パッケージとして「私たちの目指す、自民党（政権与党）とは違う社会」を提示し、国民と共有してほしいのです。その「目指す社会像」を共有できるなら、個別の政策が他の野党と多少異なっていても、将来連立政権を組むことを前提とした選挙協力を行うことは、決して不可能ではないはずです。

終章

「この道しかない」にNOを

ようやく本書もまとめに差し掛かってきましたが、ここで述べたようなことをお話ししていると、必ずといっていいほど、こんなお叱りをいただきます。

「そうは言っても自民党と野党の議席差は開き過ぎた。自民党政権は「1強」状態をいいことに、憲法をないがしろにする政治をやりたい放題だ。「野党にとって良い状況だ」なんて、とても思えない。あまりにも楽観的過ぎるのではないのか」

その思いも理解はできます。しかし、私が言いたいのは、実はここからです。

小選挙区中心の制度では、与党と野党第1党の議席比が3対1まで開いていても、次の選挙で政権交代を起こすことは、物理的には可能なのです（もちろん、そうめったにあることではありませんが）。

思い出してみてください。小選挙区制度が導入されてから、政権交代は2回ありました。2009年の自民党から民主党への政権交代（鳩山政権の発足）、そして2012年の民主党から自民党への政権交代（第2次安倍政権の発足）です。それぞれの選挙結果を、一つ前の選挙と比べてみましょう。

民主党政権が発足した2009年衆院選の一つ前の選挙とは、すなわち2005年の「郵政選挙」です。小泉純一郎首相の「改革を止めるな」という言葉に国民は熱狂し、自民党は296議席の圧勝。埋没した民主党は113議席に沈み、当時の岡田克也代表は辞任を余儀なくされました。初めて議席減を経験した民主党からは「政権交代は当分起きない」という、やけっぱちのような声も聞かれました。

しかしどうでしょう。民主党は次の2009年衆院選で、308議席を獲得して政権交代を実現しました。これは歴史的事実です。

郵政選挙で野党第1党の民主党が獲得した113議席は、自民党の獲得議席のわずか38・2%に過ぎませんでした。それでも、政治の流れが少し変わるだけでこんな劇的な変化が起きるのが、小選挙区制という制度です。

この2009年衆院選で自民党は119議席に沈み、野党に転じました。民主党の獲得議席に対する自民党議席の割合は38・6%。郵政選挙の時の民主党と、ほぼ同じです。そして言うまでもなく、自民党もこの次の2012年衆院選で、政権奪還を果たしました。

与党と野党第1党の議席差が「3対1」くらいに大きく開いていても、現実に政権交代は起こりうる。そのことを明確に示す数字ではないでしょうか。

さて、2021年の前回衆院選を見てみましょう。自民党の261議席に対し、立憲民主党は96議席。自民党に対する議席の割合は約36・8%です。郵政選挙に惨敗した2005年の民主党や、政権を民主党に明け渡した2009年の自民党と、実はそれほど差はありません。

自民党が2012年に民主党から政権を奪還した時から、本書執筆時点の2023年夏までに、計4回の衆院選が戦われています。自民党に対する野党第1党の議席の割合は、2012年衆院選19・4%（民主党）→2014年25・1%（同）→2017年衆院選19・4%（立憲民主党）となり、2021年衆院選で36・8％（同）まで伸びてきました。

あくまで数字の上ではありますが、ようやく野党第1党が「次の衆院選での政権交代も不可能ではない」レベルに達したのです。もちろん、民主党時代に比べれば支持団体の政党支持が分裂しているなど、党勢回復を難しくしている要素は多々ありますが、小選挙区制度のもとでの2大政党が、実際にドラスティックな議席の増減を生みやすいことは、忘れてはなりません。

野党やその支持者の皆さんは、メディアなどが「立憲惨敗」をあおるなかですっかり意気消沈していましたが、むしろ自民党側や、その側に立つ識者らの方が、あの衆院選が持つ意味を理解していたと思います。今後、現実に再び政権交代が起き、自分たちが野党に転落する事態が発生してもおかしくない。彼らの方がそれを分かっています。

だからこそ彼らは「野党は批判ばかりだから負けた」とか「敗因は野党「共闘」」とか、さらには「立憲はオワコン、次の野党第1党は維新」など、根拠不明の評価を無理矢理増幅させて、野党の勢いを削ぐことに躍起になったのです。はた目には勝った勢いで傍若無人な振る舞いをしているようにみえるかもしれませんが、あれは危機感の裏返しなのだと思います。

こういう政治状況を踏まえた上で、現在の野党第1党である立憲民主党に必要なことをまとめると、以下の3点になるかと思います。

①自民党とは違う社会像の選択肢を「提示できる力」

安倍晋三元首相が最も分かりやすい例ですが、政権与党の自民党は常に「この道しかない」という言葉で、有権者の選択肢を封じてきました。それに対し「本当にこの道しかないのか?」「別の道があるのではないのか?」ということを、常に突きつけ続けるのが、野党第1党の役目です。

立憲民主党は現在「もっと良い未来」というキャッチフレーズを使っています。悪い言葉ではありませんが、この言葉には、政治の「方向感が見えない」という弱点があります。例えば「自己責任の社会」を目指す二つの政党があって「私たちの方がもっとうまくできる」と、同じ方向性の中で「うまくやれるか否か」を競争する。そういう政治も「もっと良い未来」の中に含まれてしまうかもしれません。

「旗印」になるべき言葉には、前述したような「別の道」の姿を、明確に指し示してくれるようなものが欲しいと思います。

②政権を勝ち取るための「戦闘力」

やや永田町的な用語になりますが、具体的には「国対」(国会対策)と「選対」(選挙対策)でしょう。少していねいに説明したいと思います。

「国対」とは「国会で戦える力」と言い換えられるでしょうか。現在の立憲民主党の国会での戦闘力は、その政党の実力からすればかなり戦えている方だとは思います。

2019年の臨時国会で、共産党が発掘した「桜を見る会」問題を起点に大きな野党の「闘いの構え」をつくり、安倍政権の政治姿勢について大きな世論喚起に成功したこと。2020年の通常国会で、検事総長ら検察幹部の定年を内閣の判断で延長可能にする「特例」を盛り込んだ検察庁法改正案の成立を断念させたこと。2021年の通常国会で、新型コロナウイルス対策の根拠法となっている改正特別措置法など3法について「野党案丸のみ」と言われるほどの大きな修正を勝ち取ったこと。

「野党第1党が戦後最少」という貧弱な状態からスタートしたことを考えれば、2017年から21年までの野党は「提案」と「批判」の両面において、思いがけぬほどの大きな実績を挙げています。

21年の衆院選で立憲民主党が敗れた後も、例えば22年参院選後の臨時国会では、「犬猿の仲」の立憲民主党と日本維新の会が、世界平和統一家庭連合（旧統一教会）被害者救済新法を成立させました。衆院で圧倒的多数を誇り、直前の参院選でも勝利して順風満帆のはずだった岸田政権が、野党の求めに応じて提出したくもなかった法案を提出せざるを得なくなり、あげくその政府案すら、野党に押され修正せざるを得なくなったのです。形こそ「政府案の成立」でしたが、これは事実上、野党の議員立法の成立に近い成果ではないでしょうか。

こういう成果を挙げた国会もあるかと思えば、2022年や23年の通常国会では、野党側がほぼ空気と化すように存在感を失っていた国会もありました。

国会によって野党の出来不出来の波が大きすぎます。「野党がまとまって戦えているかどうか」が、大きく影響していると思います。「野党が国会でまとまって戦う形を作ること」に、第1党は躊躇してはなりません。

「国会」における野党とは、政権与党（現在は自民党と公明党）以外のすべての政党です。政権の外にいる複数の政党が、政治スタンスは違っても、それぞれの考えで政権与党を監視し、批判し、必要なことは改めさせる。それが、国会における野党の仕事です。政権与党に対して「右から」批判する野党もあれば「左から」批判する野党もあるでしょうが、どちらも「政権を監視し批判する」ことでは同じです。

そして、その中で「政権与党のこの点は誰が見てもひどい」という点があれば、野党各党は政治スタンスの違いを脇に置き、協力して批判すれば良いのです。こういう場面で「あの政党はスタンスが違うから一緒に戦いたくない」などと言っていては、いつまでたっても政権与党を倒すことなどできません。「自公でなければ皆仲間」くらいの感覚で、大きな「構え」の構築を模索すべきです。

21年衆院選までは立憲民主党などと共産党との連携が目立ち、22年の旧統一教会問題では立憲と維新の協力が成果を挙げました。共産党と維新では政治スタンスが全く違うので「立憲が組む相手を変えている。ぶれている」かのように言われがちですが、こんなことは国会では「ごく普通のこと」であり「あって当たり前」です。

国会で野党がしっかり戦えて、政権与党に打撃を与えられていれば、それは選挙結果に反映されていきます。そして小選挙区制において、その果実の多くは野党第1党が受け取ります。2021年の前半、衆参統一3補選や横浜市長選で野党統一候補が勝ち続け、当時の菅義偉首相を退陣に追い込んだのも、野党の国会闘争が一定の成果を挙げていたからです。

野党第1党にとって国会対策は、選挙対策という意味でも、極めて大事なのです。外野の圧力に負けることなく、国会における戦力の最大化に向けて、貪欲に突き進むべきです。

さて、もう一つの「選対」、こちらはつまり「選挙に勝つ力」です。国会では野党は思った以上に戦えていると書きましたが、選挙戦を戦い抜く力は、まだ不十分なのが現状です。

選挙に勝つには、メディアなどを使ったイメージ戦略などの「空中戦」と、かつて「どぶ板選挙」などと呼ばれた地道な地域回り、有権者との対話などの「地上戦」があります。このうち、立憲民主党が「空中戦」を制するのは、かなり難しいと言わざるを得ません。野党の立場では、政権与党の圧倒的な物量作戦には到底及ばないでしょうし、メディアや学識者の世界でも「保守2大政党」論がいまだに根強く、立憲より改革保守系の維新に期待を寄せたり、立憲中心でも非自民勢力をすべてまとめた「塊」を作ることを求めたりして、政治状況を「平成の政治」に押しとどめようとする傾向がみられるからです。

もちろん、SNSの活用などを含む広報戦略の充実など、研究すべきことは多々あるでしょう。しかし、今それ以上に大切なのは、泥臭くとも「地上戦」の方により力を入れることだと思います。

集計時期がやや異なりますが、立憲民主党の党員数は、協力党員を含め約10万人。自民党（約112万人）のわずか1割に過ぎません（ちなみに維新は約2万人です）。これは、55年体制当時の社会党から歴代の野党側がずっと抱えてきた課題で、必ずしも立憲民主党だけの問題でもないのですが、とにかくこんな状況では「政権政党の選択肢」として地域にしっかりと根を張ることはできません。

地道すぎてすぐには結果の出ない課題ですが、まず党員を増やし、地方議員を増やし、国政における有名政治家ではなく「立憲といえば○○さん」と地元の人の顔が浮かぶところまで、党が組織として根を張る。志と能力があり、「目指す社会像」をともにできる候補者の発掘はもちろん、各種選挙で候補者個人の力のみに頼らず、良い候補を「チーム力」で押し上げられるだけの組織力をつける。そういったことに真面目に取り組んでほしいのです。

ところで、世間では野党の協力関係について「国会」と「選挙」の二つを一緒にして考えている人が多すぎます。ここは明確に分けなくてはいけません。

野党が国会で「組んで」いると、メディアでは「選挙協力に発展するのか」ということが、常に話題になります。確かに、野党が国会で戦闘力を増すための「統一（合同）会派」結成が、その後選挙協力や、さらに新党結成にまでつながった例は、これまでにもあります。

しかし、「国会で野党がともに政権与党に対峙する」のは、あくまで「国会で戦うために必要だから」に過ぎません。選挙の話は全く別です。

小選挙区制のもと、政権与党と野党側が1対1で戦う構図をつくることは確かに重要ですが、それ以上に死活的に重要なのが「目指す社会像で一致できる＝連立政権を組める」こと。これができない政党と組んで選挙を戦い、政権与党を倒したところで「次の政権政党」など作れるわけがありません。それが「「非自民」であれば何でもいい」で野党が無理にまとまろうとして、結局瓦解した「平成の政治」の教訓なのではないでしょうか。

③安定して政権を運営できる力

最後に挙げるとしたらこれでしょう。

「立憲民主党が政権を取るなんて全く考えられないのに、なんと気の早い話を」と言われるかもしれません。しかし、この章の冒頭に書いたように、小選挙区制はドラスティックな選挙結果をもたらす可能性のある制度です。立憲が敗北した2021年衆院選にしても、実は個々の選挙区では僅差の戦いが続出しました。各選挙区がほんのわずかに票を上積みするだけで、結果は大きく違っていたかもしれません。

そして「いきなり野党に政権が転がり込んでしまった」時に、準備不足で政権運営がうまくいかない、などということは許されません。2009年の民主党政権の場合は「初の本格的な非自民政権」だったこともあり、当初は甘い評価もありましたが、有権者は2度は同じことを許しはしないでしょう。まさに「稽古不足を幕は待たない」。野党第1党には常に、このような緊張感が求められるのです。

立憲民主党には、2人の首相経験者をはじめ、かつての民主党政権当時に政権の中枢を担った政治家が何人もいます。下野から10年あまりがたち、すでに引退した政治家や、引退が視野に入ってきた政治家もいます。こういうベテランの皆さんには、自らの成功も失敗も含めて、多くの中堅・若手にその経験を伝えてほしい。また中堅・若手世代も、かつてのような安易な世代交代論に乗っかることなく、自分たちの未熟を補う重要な知見として、彼らの声に耳を傾けてほしいと思います。そこには必ず、自らの糧になることがあるはずです。

これまでの野党は離合集散を繰り返すことで、それまでに培った蓄積を失うことが少なからずありました。2017年の「希望の党騒動」はその最たるものです。しかし、その中からでも、個々の経験を持ち寄って蓄積をためていくことはできるはずです。何らかの工夫を求めたいと思います。

立憲民主党はその規模の小ささに比して、求められていることがあまりにも多過ぎます。右からも左からも上からも下からも叩かれて、端から見ていて気の毒に思うこともあります。でもこれは「誕生していきなり野党第1党になってしまった」ことの宿命です。その宿命を引き受け、どんなに厳しくとも「目指す社会像の選択肢を示して戦う」という「令和の政治」を切り拓く先頭に立ち続けてほしい。私はそう願っています。

「この道しかない」を押しつける政治に「ＮＯ」を言うために。

おわりに

私が新聞社で政治記者をしていたのは、ちょうど本書で「平成の政治」と書いた時代にあたります。衆院に小選挙区制が導入され「政権交代可能な2大政党制」が当たり前のように叫ばれていた時代でした。

私自身、政権交代が起きない55年体制の「昭和の政治」にはうんざりしていたので、当時の政治改革の流れ、特に「政権交代の可能性」という言葉には、心躍るものがありました。しかし、ある段階で気づいたのです。「政権交代可能な2大政党制」が、どこかで「保守2大政党」という言葉にすり替わっていたことを。

もともと小選挙区制は「巨大与党」をつくるために自民党内で画策された制度です。自民党が衆院で3分の2の議席を容易に得られるように選挙制度を変えて、憲法改正へのハードルを下げる狙いがあったのでしょう。そんな選挙制度を自民党は、自らの「政治とカネ」問題で政治不信が高まったのを逆手に取って、導入することに成功しました。「政権交代」という言葉で、自民党に批判的な勢力まで巻き込んで。

ただ、この選挙制度は実際に「政権交代を容易にする」側面がありました。自民党から見れば「巨大与党をつくる」特効薬を飲みたいけれど、その薬には「政権転落の恐れ」という副作用がある、というわけです。

そこで画策されたのが「政権交代しても自民党と同じような政治が続く」よう、野党陣営を「保守化」することだったのでしょう。現実にその後、なぜか野党陣営では改革保守系の政党や政治家がやたら持ち上げられ、リベラル系の政治家は何かにつけて批判の対象になり始めました。

違和感をぬぐえませんでした。「保守2大政党」を求める流れの中で、リベラル系の政党や政治家が邪魔者扱いされているのではないか。そんな印象を持つようになりました。

「保守2大政党による政権交代」に、全く意味がないとまで言うつもりはありません。政権は「交代すること」それ自体に大きな意義があるとも思うからです。「同じ政党が長く政権を維持していたら、政治腐敗が起きる。時には政権を交代して、金魚鉢の水を入れ替えるようにきれいにしなければならない」というわけです。それを、自民党内の「疑似政権交代」ではなく、国民が主役であるはずの選挙を通じて行うことができるなら、そのことには確かに一定の意味があるはずです。そこは私も認めます。

でも、それだけでいいのか。

選挙で政権が交代しても、次の政権を担うのが似た方向性を持つ政党では、何のために選挙をしたのか分からないのではないでしょうか。政権を争う2大政党がともに保守政党である必要は、全くないはずです。

そのように思いながら「平成の政治」を見ていると、意外な面白さに気づきました。「保守2大政党」への圧力が強まると、潰されかけたリベラル勢力がぎりぎりで踏ん張ってそれを跳ね返してきた、ということです。１９９６年に「自民党vs新進党」の保守2大政党の構図ができかかると、リベラル系の鳩山由紀夫、菅直人両氏による旧民主党が結党され、やがて新進党の崩壊を受けて野党第1党になりました。２００９年には民主党への政権交代が実現し、鳩山、菅の両氏がともに首相の座につきました。

小選挙区制導入を画策した勢力にとって、民主党政権の誕生は「強すぎる副作用」であり、まさに「悪夢」であったのだろうということが、今なら分かる気がします。

だからなのでしょうか。民主党政権が3年3カ月で行き詰まり、２０１２年に自民党が政権を奪還すると、今度は「小選挙区制度のもとでも決して政権交代が起きない政治」が模索されるようになります。安倍晋三首相が「悪夢の民主党政権」という刷り込みに躍起になったり、こまめに衆院解散を繰り返しては野党の復活を阻み続けたりしたのも、必ずしも安倍氏1人が狙ったことではないでしょう。最近時々聞かれる「中選挙区制復活論」も、つまりは現在の「自民1強、野党多弱」の状態を固定化し、「政権交代が2度と起きない政治」を画策する動きのように思えてなりません。

野党第1党の保守化を促す動きも過激化しました。2017年の希望の党騒動とは、民進党を小池百合子氏のもとに「屈服」させ、さらにリベラル系議員を「排除」して切り捨てることで、野党第1党を「力業」で改革保守政党に衣替えさせる動きだったとも言えます。

ところが、立憲民主党の結党と野党第1党への躍進が、こうした動きを阻みました。それどころか、続く2021年衆院選では、その立憲民主党が、一時は自民党を「政権交代なきにしもあらず」と焦らせるところまで追い詰めたのです（そうでなければ、菅義偉首相が事実上引きずり下ろされる事態にはなりません）。

純粋に「面白い」と思いました。

「保守2大政党」を求める流れの中で、潰されなかった「しぶといリベラル」の姿を伝えたい。「勝ち組」の自民党史観でまとめられていく政界の歴史に、やや違った方向から光を当ててみたい。それが本書執筆の動機です。

2大政党による政権選択選挙は、単なる「政治腐敗の防止」「政治の浄化」だけであってほしくない。そこに求めたいのは「社会像の選択」です。

これからの日本をどういう方向に進めたいのか。「格差を認め、頑張った人がより大きく報われることを目指す社会」なのか、それとも「格差を縮小し、頑張れなかった人をしっかり支える社会」なのか。それぞれが目指す社会像に照らし合わせて、現下の社会、経済問題の解決に向けてどんな政策を用意するのか。

政党や候補者がそれらを存分に論じ合い、それを聞いた有権者が、自らの目指す社会により近いものを提示した政党や候補者を選ぶ。そんな政治の実現を目指したいのです。

「目指す社会像が異なる2大政党が政権を争う政治」は、本書刊行時点（２０２３年初秋）では、まだぎりぎり形を保っています。しかし「保守2大政党」を求める「平成の政治」の圧力は、令和の今もまだ相当に強いと感じます。２０２１年衆院選後の、実態を踏まえない「立憲下げ、維新上げ」の印象操作が良い例です。

今後は現在の立憲民主党にも、かつての民主党のような「中道」（この言葉も意味がよく分かりませんが）政党に「改造」しようという動きが強まるかもしれません。２０００年代初頭以降に、当時の民主党の「保守化」を狙う世論が生まれたように。

まだまだ続くだろう「平成の政治」へのバックラッシュ（反動）を押しとどめたい。それが「平成の政治」のまっただ中で政治記者を続けてきた私の使命だと考えています。本書で述べた拙い私見が、そのことに少しでも役立ってほしいと願わずにはいられません。

冒頭にも書きましたが、本書執筆中の２０２２年7月8日、本書の主要登場人物の1人でもある安倍晋三元首相が、奈良県での参院選の応援演説中に銃撃され、死亡する事件が発生しました。まことに痛ましい事件であり、心よりお悔やみ申し上げます。一方で、この事件を機に明るみに出つつあるさまざまな事象が、本書に記してきた「リベラル勢力が過剰に毛嫌いされてきたこと」と何らかの相関関係があったのかどうか、非常に気になっています。何らかの答えが見いだせるのかどうか、今後も慎重に見守っていきたいと思います。

最後になりましたが、出版の機会をいただいた上に、遅筆の筆者を辛抱強く待ち続け、指導してくださった現代書館の須藤岳さん、長年にわたり記者としての私を育ててくださった取材先の皆さん、そして出版までの長い道のりを励まし続けてくれた家族や友人に、この場を借りて心からお礼を申し上げたいと思います。

2023年7月

尾中 香尚里

関連年表

野党第1党

『野党第1党』関連年表

首相	野党第1党	党首	年	月日	出来事
宮沢喜一	社会党	山花貞夫	1993（平成5）	6月18日	宮沢内閣不信任決議案が可決し、衆議院解散
				6月21日	新党さきがけ結成
				6月23日	新生党結成
				7月18日	第40回総選挙（自民党、過半数に届かず）
細川護熙	自民党	河野洋平		8月9日	細川内閣が発足
			1994（平成6）	3月4日	政治改革関連4法改正案成立
				4月26日	社会党が連立政権から離脱
羽田孜				4月28日	羽田内閣が発足
村山富市	新生党	羽田孜		6月30日	村山内閣が発足（自民党・社会党・さきがけの連立政権）
	新進党	海部俊樹		12月10日	新進党結成
			1995（平成7）	1月17日	阪神・淡路大震災発生
				3月20日	地下鉄サリン事件発生
				7月23日	第17回参院選（新進党が躍進）
				8月15日	戦後50年の村山首相談話
橋本龍太郎		小沢一郎	1996（平成8）	1月11日	第1次橋本内閣が発足
				1月19日	社会党が社会民主党に党名変更
				9月29日	（旧）民主党結成
				10月20日	第41回総選挙（小選挙区比例代表並立制での初めての選挙）
				11月7日	第2次橋本内閣が発足（社民党とさきがけは閣外協力）
			1997（平成9）	12月27日	新進党の解党が決定
	民主党	菅直人	1998（平成10）	1月6日	自由党結成
				4月27日	（新）民主党結成

首相
（前ページより）
小渕恵三
森喜朗
小泉純一郎
安倍晋三

民　主　党

代表
菅直人
鳩山由紀夫
菅直人
岡田克也
前原誠司
小沢一郎

年	月日	出来事
1998（平成10）	6月1日	社民党とさきがけの閣外協力解消を3党首会談で確認
	7月12日	第18回参院選（自民党大敗）
	7月30日	小渕内閣が発足
	11月7日	公明党再結成
1999（平成11）	1月14日	自民党と自由党の連立政権が発足
	10月5日	自民党·自由党·公明党の連立政権が発足
2000（平成12）	4月1日	自由党が連立政権からの離脱を決定
	4月3日	自由党が分裂し、保守党結成
	4月5日	森内閣が発足
	6月25日	第42回総選挙（与党議席減も絶対安定多数確保）
2001（平成13）	4月26日	小泉内閣が発足
	7月29日	第19回参院選（与党が過半数を確保）
	9月11日	アメリカ同時多発テロ
	10月7日	米・英軍、アフガニスタン攻撃を開始
2002（平成14）	9月17日	小泉首相が北朝鮮を訪問
	12月25日	保守新党結成
2003（平成15）	3月20日	イラク戦争開始
	9月26日	民主党と自由党が合併
	11月9日	第43回総選挙（民主党が躍進）
	11月21日	保守新党が自民党に合流
2004（平成16）	7月11日	第20回参院選（民主党が改選第1党）
2005（平成17）	8月8日	参議院で郵政民営化法案が否決され、衆議院解散
	9月11日	第44回総選挙（自民党圧勝）
	10月14日	郵政民営化法成立
2006（平成18）	9月26日	第1次安倍内閣が発足
2007（平成19）	7月29日	第21回参院選（自民党大敗）

福田康夫	麻生太郎	鳩山由紀夫	菅直人	野田佳彦	安倍晋三		
民主党	自民党	民主党	民進党				
小沢一郎	鳩山由紀夫	麻生太郎	谷垣禎一	安倍晋三	海江田万里	岡田克也	蓮舫

2007（平成19）	9月26日	福田内閣が発足
	11月2日	福田首相と民主党の小沢代表が会談し大連立を合意するも民主党役員会が拒否
2008（平成20）	9月15日	リーマン・ブラザーズが経営破綻し、世界金融危機が発生
	9月24日	麻生内閣が発足
2009（平成21）	8月8日	みんなの党結成
	8月30日	第45回総選挙（民主党が大勝し政権交代）
	9月16日	鳩山内閣が発足
2010（平成22）	5月30日	社民党が連立政権から離脱
	6月8日	菅直人内閣が発足
	7月11日	第22回参院選（民主党敗北で「ねじれ国会」に）
2011（平成23）	3月11日	東日本大震災発生
	9月2日	野田内閣が発足
2012（平成24）	8月10日	社会保障・税一体改革関連法案成立
	9月28日	日本維新の会結成
	12月16日	第46回総選挙（自民党圧勝で政権を奪還）
	12月26日	第2次安倍内閣が発足
2013（平成25）	7月21日	第23回参院選（自民党大勝で「ねじれ」解消）
2014（平成26）	7月1日	閣議決定で集団的自衛権行使容認の憲法解釈を変更
	9月22日	維新の党結成
	12月14日	第47回総選挙（自民党圧勝）
2015（平成27）	9月19日	安全保障関連法成立
2016（平成28）	3月27日	民進党結成
	7月10日	第24回参院選（与党で衆参両院の「3分の2」確保）
	8月23日	日本維新の会が再発足
2017（平成29）	6月9日	天皇の退位等に関する皇室典範特例法成立

安倍晋三	菅義偉	岸田文雄
民進党	立憲民主党	
前原誠司	枝野幸男	泉健太

2017（平成29）	9月25日	希望の党結成
	10月3日	（旧）立憲民主党結成
	10月22日	第48回総選挙（自民党圧勝。立憲民主党が野党第1党に）
2018（平成30）	5月7日	（旧）国民民主党結成
	7月6日	麻原彰晃などオウム真理教事件の死刑囚7人の死刑執行
2019（令和元）	7月21日	第25回参院選（与党が改選過半数を上回る）
2020（令和2）	1月7日	WHO、中国の武漢で新型コロナウイルスの発生を確認
	4月7日	新型コロナウイルス感染拡大防止のため緊急事態宣言発令
	9月15日	（新）立憲民主党結成
	9月16日	菅義偉内閣が発足
2021（令和3）	7月23日	東京オリンピック開幕
	8月24日	東京パラリンピック開幕
	10月4日	岸田内閣発足
	10月31日	第49回総選挙（自民党、議席減も絶対安定多数を確保）
2022（令和4）	2月24日	ロシアがウクライナへの軍事侵攻を開始
	7月8日	参院選の応援演説中に安倍晋三元首相が銃撃され死亡
	7月10日	第26回参院選（自民党大勝）
2023（令和5）	5月19日	G7広島サミット開幕

尾中香尚里　おなか・かおり

1965年、福岡県生まれ。早稲田大学卒業後、毎日新聞社に入社し、政治部で野党や国会を中心に取材。同部副部長として、東日本大震災と東京電力福島第一原発事故における菅直人政権の対応を取材した。
現在はプレジデントオンライン、週刊金曜日などに記事を執筆。
著書に『安倍晋三と菅直人——非常事態のリーダーシップ』（集英社新書）。共著に『枝野幸男の真価』（毎日新聞出版）。

野《や》党《とう》第《だい》1《いっ》党《とう》

「保守《ほしゅ》2大政党《だいせいとう》」に抗《こう》した30年《ねん》

2023年9月16日　第1版第1刷発行

著者　尾中香尚里
発行者　菊地泰博
発行所　株式会社現代書館
〒102-0072　東京都千代田区飯田橋3-2-5
電話03（3221）1321　FAX03（3262）5906　振替00120-3-83725
http://www.gendaishokan.co.jp/
組版　具羅夢
印刷所　平河工業社（本文）　東光印刷所（カバー）
製本　鶴亀製本
装幀　伊藤滋章

校正協力・高梨恵一
© 2023 ONAKA Kaori Printed in Japan ISBN978-4-7684-5948-5
定価はカバーに表示してあります。乱丁・落丁本はおとりかえいたします。

活字で利用できない方のための
テキストデータ請求券
『野党第1党』

現　　代　　書　　館

国家方針を転換する決定的十年

新自由主義から社会的共通資本へ

田中信一郎 著　　1700円＋税

民主主義と地球環境を左右する「決定的十年」の2020年代。日本の有権者に国家方針を選択する機会が訪れた。「新自由主義」の継続か、「社会的共通資本」への転換か。二大選択肢を、与党ブロックと野党ブロックの国家観、国民観、社会観、経済観を踏まえ丁寧に解説。

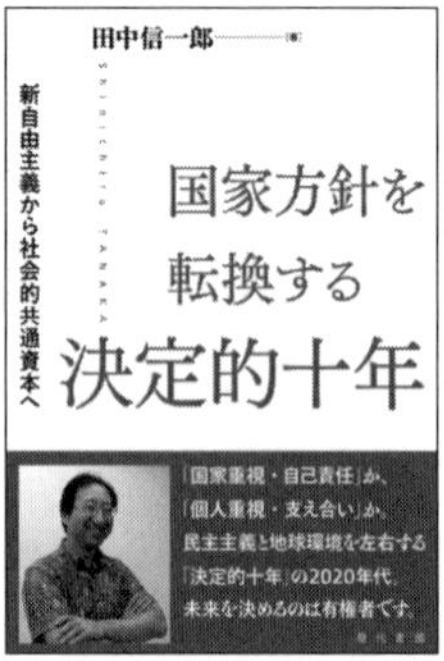

政権交代が必要なのは、総理が嫌いだからじゃない

私たちが人口減少、経済成熟、気候変動に対応するために

田中信一郎 著　　1700円＋税

人口減少時代を迎え、従来の経済認識やアプローチの転換が不可欠であることを丁寧に説き、現代日本の諸論点について現実の分析に基づいた実践的な対応策を盛り込む。新自由主義との訣別によって拓かれる新たな経済政策と社会のビジョンを鮮やかに提示している。

25歳からの国会

武器としての議会政治入門

平河エリ 著　　1800円＋税

「総理大臣と国会、どちらが偉い?」「国会における野党の役割とは?」「参議院って存在する意味あるの?」「日本には、なぜ女性議員が少ないの?」等々、政治に関する様々な疑問に明快に回答。気鋭の政治ライターのフェアな視点が際立つ「議会制民主主義の教科書」。

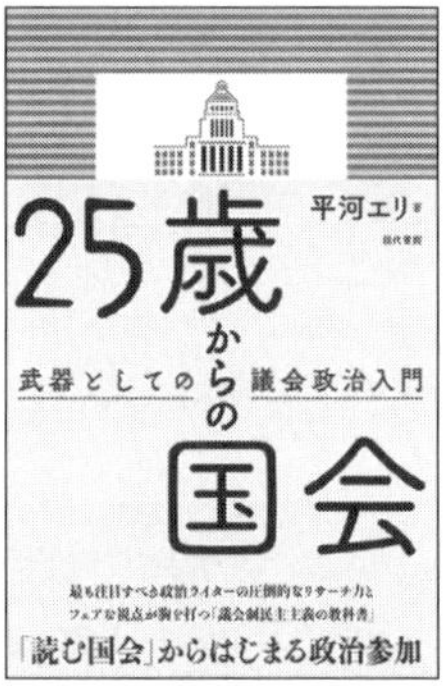